Die emissionshandelsrechtlichen Pflichten in
der Insolvenz des Anlagenbetreibers

Studien zum
deutschen und europäischen
Gesellschafts- und Wirtschaftsrecht

Herausgegeben von Ulrich Ehricke

BAND 22

PETER LANG

Berlin · Bruxelles · Chennai · Lausanne · New York · Oxford

David Fabian Krüger

Die emissionshandelsrechtlichen Pflichten in der Insolvenz des Anlagenbetreibers

zugleich ein Beitrag zur Behandlung öffentlich-rechtlicher Rechte und Pflichten in der Insolvenz

PETER LANG

Berlin - Bruxelles - Chennai - Lausanne - New York - Oxford

Bibliografische Information der Deutschen Nationalbibliothek
Die Deutsche Nationalbibliothek verzeichnet diese Publikation
in der Deutschen Nationalbibliografie; detaillierte bibliografische
Daten sind im Internet über http://dnb.d-nb.de abrufbar.

Zugl.: Köln, Univ., Diss., 2023.

D 38

ISBN 978-3-631-91650-6 (Print)
E-ISBN 978-3-631-91653-7 (E-PDF)
E-ISBN 978-3-631-91654-4 (E-PUB)
DOI 10.3726/b21682

© 2024 Peter Lang Group AG, Lausanne
Verlegt durch Peter Lang GmbH, Berlin, Deutschland

info@peterlang.com http:www.peterlang.com

Vorwort

Die vorliegende Arbeit wurde im Januar 2023 abgeschlossen und von der Universität zu Köln im April 2023 als Dissertation angenommen. Die mündliche Promotionsprüfung fand 29. August 2023 statt. Rechtsprechung und Schrifttum konnten noch bis August 2023 berücksichtigt werden.

Mein besonderer Dank gebührt Prof. Dr. Ulrich Ehricke für die Betreuung bei meiner Promotion und seine stets konstruktive Kritik und hilfreichen Anmerkungen. Allen voran aber die fortwährende und unerschöpfliche Ermutigung, diese Arbeit zu einem Abschluss zu bringen.

Prof. Dr. Dr. h.c. mult. Hanns Prütting danke ich für die zügige Erstellung des Zweitgutachtens.

Den Kolleginnen und Kollegen am Institut für Europäisches Wirtschaftsrecht an der Universität zu Köln möchte ich für die freundschaftliche und angenehme Arbeitsatmosphäre während meiner Zeit am Institut danken.

Schließlich gebührt meinen Freunden großer Dank für die stete Unterstützung während der gesamten Zeit. Hervorheben möchte ich insbesondere Maria, Monique, Marcel und Christoph für die vielen wertvollen Diskussionen, ihre konstruktive Kritik, aber allen voran ihre Freundschaft.

Mein größter Dank gilt an dieser Stelle meiner Familie, dabei insbesondere meiner Freundin Selina und meinen Eltern, die mich in jeder Lebenslage unterstützt und Rückhalt gegeben haben. Ihnen widme ich diese Arbeit.

Hamburg im Dezember 2023,
David Krüger

Literaturverzeichnis

Ahlmer, Isabel	Die Insolvenz im Filmrechtehandel, Dissertation, Köln 2005
Andres, Dirk / Leithaus, Rolf / Dahl, Michael (Hrsg.)	Insolvenzordnung, Kommentar, 4. Auflage, München 2018 (zit.: *Bearbeiter*/Andres/Leithaus)
Bauer, Juliane	Der Emissionshandelsmarkt – Rechtsfragen des Handels und außerbörslichen Handels mit Emissionsberechtigungen, Dissertation, Hamburg 2008
Büttner, Andreas	Zivilrechtliche Aspekte des Handels mit Emissionsberechtigungen – Die Etablierung des Drei-Phasen-Modells, Dissertation, Göttingen 2011
Burgi, Martin / Selmer, Peter	Verfassungswidrigkeit einer entgeltlichen Zuteilung von Emissionszertifikaten, Stuttgart 2007
Burgi, Martin	Emissionszertifikate als Eigentum im Sinne von Art. 14 GG, RdE 2004, 29–35
Braun, Eberhard (Hrsg.)	Insolvenzordnung, Kommentar, 9. Auflage, München 2022
Breuer, Daniel	Zur Einpreisung von Opportunitätskosten unentgeltlich zugeteilter CO_2-Emissionszertifikate in die Strompreise, Dissertation, Köln 2012
Beckmann, Martin / Fisahn, Andreas	Probleme des Handels mit Verschmutzungsrechten – eine Bewertung ordnungsrechtlicher und marktgesteuerter Instrumente in der Umweltpolitik, ZUR 2009, 299–307
Dauner-Lieb, Barbara / Langen, Werner	Nomos Kommentar zum Bürgerlichen Gesetzbuch, 3. Auflage, Baden-Baden 2016 (*Bearbeiter*/ NK-BGB)
Dales, John Harkness	Pollution, Property and Prices – an essay in policy-making and economics, 1. Auflage, Toronto 1968 (zit.: *Pollution*, Property and Prices)

Diehr, Matthias   Rechtsschutz im Emissionszertifikate-
                           Handelssystem. Eine Betrachtung des Treibhausgas-
                           Emissionshandelssystems unter besonderer
                           Berücksichtigung rechtsschutzrelevanter Fragen
                           der Emissionsgenehmigung und der Zuteilung von
                           Emissionsberechtigungen, Dissertation, Berlin 2006

Engel, Gernot-Rüdiger /   Einbeziehung des Automobilverkehrs in den Emis-
Mailänder, Mathias   sionshandel, NVwZ 2016, 270–275

Epiney, Astrid   Zur Entwicklung des Emissionshandels in der EU,
                           ZUR 2010, 236–242

Ellerman, Denny / Con-   Pricing Carbon: The European Union Emissions
very, Frank / De Perthuis, Trading Scheme, 1. Auflage, Cambridge 2010
Christian   (zit.: *Pricing Carbon*, TH European Union Emission
                           Trading Scheme)

Ehricke, Ulrich (Hrsg.) Energierecht im Wandel: Perspektiven und neue
                           Vorgaben, Köln 2010 (zit.: *Verfasser*, in: Ehricke,
                           Energierecht im Wandel)

Ehricke, Ulrich   Quellen der Reserven für Zertifikate im Emissions-
                           handel nach der Richtlinie 2003/87/EG, EWS 2004,
                           155–160

Ehricke, Ulrich / Köhn, Die Regelungen über den Handel mit
Kai   Berechtigungen zur Emission von Treib-
                           hausgasen – Ein Überblick über das neue
                           Treibhausgas-Emissionshandelsgesetz (TEHG),
                           WM 2004, 1903–1912

Ehricke, Ulrich   Übertragung von Emissionshandelszertifikaten im
                           Blick auf die zweite Handelsperiode, WM 2008,
                           1333–1341

Ehrmann, Markus   Aktuelle rechtliche Probleme in dritten Zuteilungs-
                           periode, et 2011, 116–122

Elspas, Maximilian / Salje, Emissionshandel: Ein Praxishandbuch, 1. Auflage,
Peter / Stewing, Clemens Köln 2006

Epiney, Astrid   Zur Entwicklung des Emissionshandels in der EU,
                           ZUR 2010, 236–242

Frenz, Walter   Emissionshandelsrecht: Kommentar zum TEHG
                           und ZuG, 3. Auflage, Berlin 2012 (zit.: *Bearbeiter/*
                           Frenz)

Fellenberg, Frank / *Guckelberger, Anette* *(Hrsg.)*	Klimaschutzrecht, 1. Auflage 2022, München (zit.: *Bearbeiter*/Klimaschutzrecht)
Gawel, Erik	Der EU-Emissionshandel vor der vierten Handelsperiode. Stand und Perspektiven aus ökonomischer Sicht, EnWZ 2016, 351–357
Grüneberg, Christian	Kommentar zum Bürgerlichen Gesetzbuch, 82. Auflage, München 2023 (zit.: *Bearbeiter*/Grüneberg)
Häsemeyer, Ludwig	Insolvenzrecht, 4. Auflage, Köln 2007 (zit.: Häsemeyer)
Heldrich, / Koller, / *Prölss / u.a. (Hrsg.)*	Festschrift für Claus-Wilhelm Canaris zum 70. Geburtstag, München 2007 (zit.: *Bearbeiter*, in: FS Canaris)
Hesselbarth, Charlotte	Der EU-Emissionshandel – Institutionelle Innovation für Nachhaltigkeit, ZfU 2008, 29–48
Hohmuth, Timo	Emissionshandel und deutsches Anlagenrecht. Zu den zu den Wechselwirkungen im deutschen Emissionshandelsrecht zwischen dem Treibhausgas-Emissionshandelsgesetz (TEHG) und dem Bundes-Immissionsschutzgesetz (BImSchG) infolge ihrer Verzahnung bei der Umsetzung der Richtlinie 2003/87/EG, Dissertation, Göttingen 2005 (zit.: *Hohmuth*, Emissionshandel und Anlagenrecht)
Hess, Harald (Hrsg.)	Kölner Kommentar zur Insolvenzordnung, 1. Auflage, Köln 2016 (zit.: *Bearbeiter*/KölnerKo)
Hirte, Heribert / Vallender, Heinz	Uhlenbruck, Kommentar zur Insolvenzordnung, 15. Auflage, München 2020 (zit.: *Bearbeiter*/ Uhlenbruck)
Hutsch, Justine Karoline	Emissionshandel in der dritten Handelsperiode, NJ 2010, 400–407
Hoffmann, Lars / Fleckner, Martin / Budde, Inga	TEHG, ZUG 2020, Praxiskommentar zum Treibhausgas-Emissionshandelsgesetz und zur Zuteilungsverordnung 2020, 1. Auflage, Stuttgart 2017 (zit.: *Bearbeiter*/Hoffmann/Fleckner/Budde)
Jungnickel, Sebastian / *Dulce, Philipp*	Die Zulässigkeit der (teilweisen) Versteigerung von Emissionsberechtigungen aus europarechtlicher Sicht, NVwZ 2009, 623–627
Kobes, Stefan	Das Zuteilungsgesetz 2007, NVwZ 2004, 1153–1161

Köhn, Kai   Emissionsberechtigungen im Insolvenzverfahren
                                Ein Beitrag zur insolvenzrechtlichen Behand-
                                lung öffentlich-rechtlicher Pflichten, ZIP 2006,
                                2015–2021

Kopp, Ferdinand (Begr.) /   Verwaltungsverfahrensgesetz, Kommentar, 23. Auf-
Ramsauer, Ulrich (Hrsg.)   lage, München 2022 (zit.: *Kopp*/Ramsauer)

Kübler, Bruno / Prütting,   Insolvenzordnung Bände I–V, Kommentar,
Hanns / Bork, Reinhard   94. Ergänzungslieferung, Köln 2022
(Hrsg.)

von Landmann, Robert /   Umweltrecht, Kommentar, 99. Ergänzungslieferung,
Rohmer, Gustav   München 2022 (zit.: *Bearbeiter*/Landmann/Rohmer
                                UmweltR)

Maslaton, Martin   Treibhausgasemissionshandelsgesetz: Hand-
                                kommentar, 1. Auflage, Baden-Baden 2005
                                (zit.: Maslaton)

Nawrath, Jens   Emissionszertifikate und Finanzverfassung, Disser-
                                tation, Berlin 2007

Löschel, Andreas / Mosle-   Handel mit Emissionsrechten und Herkunftsnach-
ner, Ulf   weisen in Europa – Das „Klima- und Energiepaket",
                                ZfE 2008, 248–253

Nutzenberger, Klaus   Legislativpaket „Klima und Energie" der EU, UPR
                                2008, 222–229

Holzborn, Timo / Israel,   Rechtliche Aspekte des Handels mit Emissionsrech-
Alexander   ten, et 2005, 740–746

Säcker, Franz-Jürgen   Berliner Kommentar zum Energierecht Band II,
(Hrsg.)   5. Auflage Berlin 2022

Martini, Mario   Der Markt als Instrument hoheitlicher Verteilungs-
                                lenkung: Möglichkeiten und Grenzen einer markt-
                                gesteuerten staatlichen Verwaltung des Mangels,
                                Dissertation, Tübingen 2008

Stelkens, Paul / Bonk,   Verwaltungsverfahrensgesetz, Kommentar, 10. Auf-
Heinz Joachim / Sachs,   lage, München 2023 (zit.: *Bearbeiter*/Stelkens/Bonk/
Michael   Sachs)

Sodan, Helge / Ziekow, Jan   Verwaltungsgerichtsordnung, Großkommentar,
                                5. Auflage, Baden-Baden 2018 (zit.: *Bearbeiter*/
                                Sodan/Ziekow)

Mann, Thomas / Sennekamp, Christoph / Uechtritz, Michael	Verwaltungsverfahrensgesetz, Kommentar, 2. Auflage, Baden-Baden 2019 (zit.: *Bearbeiter/* NK-VwVfG)
Leisner-Egensperger, Anna	CO_2-Steuer als Klimaschutzinstrument, NJW 2019, 2218–2221
Rebentisch, Manfred	Rechtsfragen der kostenlosen Zuteilung von Berechtigungen im Rahmen des Emissionshandelsrechts, NVwZ 2006, 747–753
Rodi, Michael	Rechtsgutachten zum BEHG, Institut für Klimaschutz, Energie und Mobilität, 2019
Steinbach, Armin / Valta, Mathias	Ein CO_2-Preis für Energieträger, JZ 2019, 1139–1149
Sieberg, Christoph	Emissionshandel im Luftverkehr, NVwZ 2006, 141–145
Karsten Schmidt (Hrsg.)	Insolvenzordnung, Kommentar, 20. Auflage, München 2023 (zit. *Bearbeiter*/K. Schmidt InsO)
Stäsche, Uta	Entwicklungen des Klimaschutzrechts und der Klimaschutzpolitik 2018/2019. Internationale und europäische Ebene (Teil 1), EnWZ 2019, 248–262
Stürner, Rolf / Eidenmüller, Horst / Schoppmeyer, Heinrich (Hrsg.)	Münchener Kommentar zur Insolvenzordnung, Band I, 4. Auflage, München 2019 (zit.: *Bearbeiter/* MüKo InsO)
Nerlich, Jörg / Römermann, Volker (Hrsg.)	Insolvenzordnung, Kommentar, 46. Auflage, München 2022 (zit.: *Bearbeiter*/Nerlich/Römermann)
Potthoff, Marc-Phillip	Patentlizenzen in der Insolvenz, Dissertation, Köln 2005
Pardon, Anne	Die Rechtsinhaberschaft an Emissionsberechtigungen und ihre Übertragung, Dissertation, Kiel 2012
Reuter, Alexander / Busch, Ralph	Einführung eines EU-weiten Emissionshandels – Die Richtlinie 2003/87/EG, EuZW 2004, 39–43
Rengeling, Hans-Werner	Handel mit Treibhausgasemissionen, DVBl. 2000, 1725–1734
Säcker, Franz Jürgen u.a.	Münchener Kommentar zum Bürgerlichen Gesetzbuch, Band 8, 9. Auflage, München 2022 (*Bearbeiter*/MüKoBGB)
Schumacher, Nadine	Die Pflicht zur Abgabe von Emissionsberechtigungen bei insolventen Betreibern im Emissionshandel, ZInsO 2020, 1916–1920

Theobald, Christian / Kühling, Jürgen — Energierecht, Kommentar, 105. Ergänzungslieferung, München 2020 (zit.: *Bearbeiter/*Theobald/ Kühling, Kapitel, Abschnitt)

Vollmer, Miriam — Das Brennstoff-Emissionshandelsgesetz (BEHG), NuR 2020, 237–242

Wagner, Stephan — Zivilrechtliche Aspekte des Handels mit sog. Emissionszertifikaten, JZ 2007, 971–978

Wagner, Gerhard — Handel mit Emissionsrechten: Die privatrechtliche Dimension, ZBB 2003, 409–424

Wernsmann, Rainer / Bering, Simon — Verfassungsrechtliche Anforderungen an Vorteilsabschöpfungsabgaben. Am Beispiel der CO_2-Bepreisung nach dem Brennstoffemissionshandelsgesetz (BEHG), NVwZ 2020, 497–504

Wertenbruch, Johannes — Zivilrechtliche Haftung beim Handel mit Umwelt-Emissionsrechten, ZIP 2005, 516–520

Wegener, Bernhard — Die Novelle des EU-Emissionshandelssystems, ZUR 2009, 283–288

Wünnemann, Monika — Eckpunkte für das Klimaschutzprogramm 2030 – Übersicht und Bewertung der steuerlichen Aspekte, DStR 2019, 2099–2101

von Wilmowsky, Peter — Zur Übertragung einer emissionshandelspflichtigen Anlage im Insolvenzverfahren und Haftung des Erwerbers, EWiR 2021, 693–694

Wustlich, Guido — Die Atmosphäre als globales Umweltgut. Rechtsfragen ihrer Bewirtschaftung im Wechselspiel von Völker-, Gemeinschafts- und nationalem Recht, Dissertation, Berlin 2003 (zit.: *Wustlich*, Die Atmosphäre als globales Umweltgut)

Zenke, Ines / Telschow, Carsten — CO_2-Bepreisung durch nationalen Emissionshandel – Das Brennstoffemissionshandelsgesetz (BEHG), EnWZ 2020, 157–163

Zenke, Ines / Telschow, Carsten — Alles neu im Emissionshandel? Das bringt die 4. Handelsperiode 2021 bis 2030 (Teil 1), IR 2018, 150–153

Inhaltsverzeichnis

A. Einleitung

I. Einführung

Das Emissionshandelsrecht als Teil des klimaschützenden Energierechts ist auch nach mehr als 15 Jahren im fortlaufenden Wandel. Permanente Anpassungen führen insoweit zu einem sich stetig verändernden System. Wesentliche Teilbereiche des Emissionshandelsrechts sind indes weiterhin ungeklärt. Bemerkenswert ist, dass insbesondere die Rechtsnatur der Emissionszertifikate und deren Übertragung noch nicht abschließend geklärt ist. Die Funktionsfähigkeit in klimaschützender Hinsicht scheint trotzdem gegeben zu sein. Jedenfalls führt das Emissionshandelsrecht zu einer permanenten Senkung der unionsweiten Treibhausgasemissionen,[1] sodass das System in diesem Zusammenhang als erfolgreich zu bewerten ist. Diese Annahme teilt auch der deutsche Gesetzgeber, da nunmehr weitere treibhausgasemittierende Bereiche unter ein Emissionshandelssystem gestellt werden. Mit dem ab 2021 allein in Deutschland geltenden Brennstoffemissionshandel wird über nationale Senkungsmechanismen ein Beitrag zum weitergehenden Klimaschutz eingeführt. Ob auch diese Art des Klimaschutzes von Erfolg gekennzeichnet ist, wird die Zukunft zeigen. Diese Arbeit soll ohnehin keinen Beitrag zur vielfach geäußerten Kritik am Emissionshandelssystem darstellen, sondern dieses vielmehr als gegeben annehmen und die rechtlichen Gegebenheiten diskutieren.

Insbesondere das Spannungsfeld zum Insolvenzrecht und dabei die Betreiberpflichten aus dem Emissionshandelsrecht im Insolvenzverfahren soll herausgearbeitet werden. Diese Diskussion ist noch nicht ausgiebig geführt worden, daher besteht insoweit der Bedarf einer vorläufigen Einordnung, welche nicht den Anspruch hat, die Diskussion zu beenden, sondern vielmehr dem Spannungsfeld zwischen öffentlichem Recht und Insolvenzrecht neue Impulse zur Harmonisierung mitzugeben.

Eingangs sind die Grundlagen des CO_2-Emissionshandels herauszuarbeiten. Insgesamt soll sich bei der Darstellung auf die Punkte zur Entwicklung des Emissionshandelsrechts werden, die die Ziele des Emissionshandels verdeutlichen. Die vorherige politische Auseinandersetzung hinsichtlich der Meinungsbildung

---

1 Vgl. zum stetigen Rückgang der Treibhausgasemissionen: Umweltbundesamt, Emissionshandelspflichtige stationäre Anlagen und Luftverkehr in Deutschland (VET-Bericht 2019), S. 1 ff.

und Debatten wird insoweit außer Acht gelassen. Dies ist an anderer Stelle bereits umfassend dargestellt worden.

Das Hauptaugenmerk der hier angezeigten Darstellung erstreckt sich daher auf die wesentlichen Fragen des Emissionshandels und erhebt dabei keinen Anspruch auf Vollständigkeit bezüglich der einzelnen Senkungsziele und weiterer politischer Entscheidungen. Dennoch sind Erklärung und Darstellung der Richtlinien, Verordnungen sowie die deutsche Umsetzung von großem Belang, um den Sinn und Zweck des Emissionshandels sowie dessen rechtliche Umsetzung zu verstehen. Die ökonomische und verfassungsrechtliche Kritik wird an den relevanten Stellen aufgegriffen, kann aber in dieser Arbeit nicht abschließend geklärt werden, sodass auch hier Verweise zu weiterführender Literatur unumgänglich sind.

Die Grundlagen des Emissionshandels sind durch das sogenannte „Cap-and-Trade"-System[2] begründet. Demnach ist die absolute Begrenzung der staatlich festgelegten Zertifikatsmenge in Form eines „Cap"(= Obergrenze) bestimmt, welches in festgelegten Abständen um bestimmte Anteile reduziert wird. Durch den damit verknüpften Handel („Trade") wird die Möglichkeit eines Austausches des verknappten Guts „Luftverschmutzungsrecht" am Markt implementiert, um wettbewerbliche Rahmenbedingungen zu schaffen, die letztlich dem Klimaschutz in ökonomischer Weise dienen sollen, ohne dass dafür unmittelbare ordnungsrechtliche Maßnahmen – bis auf die absolute Mengenbegrenzung und dessen in bestimmten Zeitabschnitten festgelegte Kürzungen – herangezogen werden.[3] Die auf die Wirksamkeit bezogene Annahme ist insoweit, dass die Anreize einer marktwirtschaftlichen und wettbewerblichen Ausgestaltung eine effektivere Umsetzung von Verbesserungsmaßnahmen hinsichtlich der Anlagenoptimierung im Hinblick auf den Klimaschutz haben, da die „Verschmutzer" der Luft im Rahmen ihrer die Luft verschmutzenden Anlagen in Form von Ablagerungen in der Atmosphäre angehalten sind, bei der Anlagentechnik klimaschonende Verbesserungen vorzunehmen, deren Grundlage genuin

---

2   Die Idee eines CO_2-Zertifikatesystems stammt von *John Harkness Dales* in der Monografie Pollution, Property and Prices, S. 77 ff., wenngleich dieser seine Idee an *Ronald H. Coase*, Journal of Law and Economics, 3 (1960), 1 ff. anlehnte, der eine optimale Allokation von Umweltbelastungen durch die Zuteilung von Nutzungsrechten an der Luft befürwortete.

3   Die ökonomischen Grundlagen instruktiv darstellend: *v. Detten*, Sekundärmarkt im Emissionsrechtehandel, S. 8 ff.; Vgl. dazu auch: *Schweer/v. Hammerstein*, TEHG, Einl. 35.

unternehmerische Entscheidungen sind.[4] Die rechtlichen Grundlagen des EU-Emissionshandels gehen auf den völkerrechtlichen Vertrag der internationalen Staatengemeinschaft zu Rahmenübereinkommen der Vereinten Nationen über Klimaänderungen – dem Protokoll von Kyoto – zurück, welcher zum Gegenstand hatte, die Treibhausgasemissionen[5] dauerhaft zu senken, um dem Klimawandel entgegenzuwirken.[6] Die Konferenz in Kyoto im Dezember 1997 hatte die Unterzeichnung des Protokolls der damaligen Mitgliedstaaten der EG am 29. April 1998 zur Folge. Zunächst sollten die Treibhausgasemissionen im Zeitraum von 2008 bis 2012 der unterzeichnenden Länder um mindestens 5 % gegenüber dem Stand von 1990 verringert werden.[7] Die weitergehende Ausgestaltung innerhalb der Mitgliedsstaaten der damaligen EU[8] wurde demgegenüber differenzierter ausgestaltet.[9] Sodass auf die verschiedenen Mitgliedstaaten unterschiedliche Zielvorgaben angefallen sind. Vorgesehen war außerdem ein zunächst nur staatenbezogener Emissionshandel über eigene flexible Mechanismen, um die vereinbarten Klimaziele zu erreichen.[10] Darin ist die erste völkerrechtliche Bemühung eines länderübergreifenden Emissionshandelssystems zu sehen, ohne jedoch tiefergehende strukturelle Fragen zur Ausgestaltung festzulegen. Durch die in der damaligen Zeit anstehende EU-Osterweiterung 2004 sah man sich zuvor im Jahr 1998 einer Diskussion der ausgleichenden Lastenverteilung der Klimaschutzziele ausgesetzt, die mithilfe des Lastenverteilungsabkommens (sog. Burden-Sharing-Agreement)[11] ein Ende fand und als Teil

---

4 Zu den Stärken und Schwächen von Zertifikatsmodellen aus ökonomischer Sicht: *Körner*/Körner/Vierhaus, TEHG, Einl. Rn. 20 ff.; *Wustlich*, Die Atmosphäre als globales Umweltgut; *Klocke*, Klimaschutz durch ökonomische Instrumente.

5 Die unter dem Kyoto-Protokoll gefassten Treibhausgase sind: Kohlendioxid (CO_2), Methan (CH_4), Distickstoffoxid (N_2O), Halogenierte Fluorkohlenwasserstoffe (H-FKW), Fluorkohlenwasserstoffe (FKW) und Schwefelhexafluorid (SF_6): Kyoto-Protokoll, Anlage A.

6 Ausführliche Darstellung mit weiteren Nachweisen von *Zenke*/*Vollmer*/Theobald/Kühling Umweltrecht/Klimarecht, 118. Emissionshandel Rn. 24 ff.

7 Vgl. Artikel 3 Abs. 1 Kyoto-Protokoll; dazu: *Zenke*/*Vollmer*/Theobald/Kühling, Umweltrecht/Klimarecht, 118. Emissionshandel Rn. 26.

8 In der Folge wurde sich Gemeinschaftsweit auf eine Reduktion auf 8 % geeinigt.

9 Vgl. dazu *Hesselbarth*, ZfU 2008, 29, 31.

10 Im Einzelnen: Internationaler Emissionshandel (auch International Emission Trading (IET), gem. Art. 17 KP), Joint Implementation (JI, gem. Art. 6 KP) und Clean Development Mechanism (CDM, gem. Art. 12 KP).

11 Zunächst als unverbindliche Festlegung der einzelnen Reduktionsverpflichtungen durch den Rat v. 16.6.1998, Dok. 9702/98; siehe auch KOM (2001) 579 endg.,

des Kyoto-Protokolls aufgenommen wurde.[12] Geregelt wurde damit, dass die (damals) neuen Mitglieder der EU nicht unter den als streng empfundenen Klimaschutzregelungen volkswirtschaftlich zu leiden haben und die industriell, mithin volkswirtschaftlich stärkeren Mitgliedstaaten einen Beitrag zur diesbezüglichen Lastenverteilung leisten.[13] Zusätzlich wurde das Grünbuch zum Handel mit Treibhausgasemissionen in der EU[14] in der Folge verabschiedet, um erste Handlungsparameter des Emissionshandels aufzustellen. Dabei wird der aus der damaligen Perspektive angestrebte neuartige Handel zwischen den Unternehmen mitunter als „Experimentierfeld"[15] bezeichnet. Außerdem reifte in der EU die Erkenntnis, dass ein eigens kontrollierbares System des Emissionshandels vorzugswürdiger war, um die Klimaziele zu erreichen, da die rechtliche Kontrollier- und Durchsetzbarkeit des durch das Kyoto-Protokoll angedachte Emissionshandelssystem im breiten UN-Konsens nicht gewünscht war.[16]

Das unionsweite Emissionshandelssystem wurde mit der Richtlinie 2003/87/EG[17] für die Mitgliedstaaten verabschiedet. Ausweislich des Erwägungsgrunds 1 baut die Richtlinie 2003/87/EG auf dem Grünbuch zum Handel mit Treibhausgasemissionen auf, sodass die Auslegung auch im Lichte des Grünbuches zu erfolgen hat. Hervorgegangen ist sie aus der Vorgängerrichtlinie 96/61/EG, dem sechsten Aktionsprogramm der Gemeinschaft für Umwelt und dem

---

ABl. C 75 E v. 26.3.2002, S. 16 ff.; dann 2002/358/EG: Entscheidung des Rates vom 25. April 2002 über die Genehmigung des Protokolls von Kyoto zum Rahmenübereinkommen der Vereinten Nationen über Klimaänderungen im Namen der Europäischen Gemeinschaft sowie die gemeinsame Erfüllung der daraus erwachsenden Verpflichtungen; dazu insg. *Reuter/Busch*, EuZW 2004, 39, 39.

12 Entscheidung 2002/358/EG des Rates v. 25.4.2002 über die Genehmigung des Protokolls von Kyoto zum Rahmenübereinkommen der Vereinten Nationen über Klimaänderungen im Namen der Europäischen Gemeinschaft sowie die gemeinsame Erfüllung der daraus erwachsenden Verpflichtungen, ABl. L 130, S. 1; Berichtigung ABl. L 176/47.

13 Dazu: *Beckmann/Fisahn*, ZUR 2009, 299, 299 f.; *Ehricke*, EWS 2004, 155, 156 f.

14 Grünbuch zum Handel mit Treibhausgasemissionen in der Europäischen Union, KOM (2000) 87 endg.

15 *Gundel*/Danner/Theobald, Europäisches Energierecht, 118. Emissionshandel Rn. 78.

16 *Ellerman/Convery/ de Perthuis*, Pricing Carbon, The European Union Emission Trading Scheme, S. 17.

17 Richtlinie 2003/87/EG über ein System für den Handel mit Treibhausgasemissionszertifikaten innerhalb der EU vom 25.10.2003, ABl. L 275, S. 32 ff.

Kyoto-Protokoll.[18] Die Vorgabe an die Mitgliedsstaaten zur Ausgestaltung des Emissionshandelssystems beinhaltete dabei schon in der ursprünglichen Fassung solche zur Emissionsgenehmigung (Art. 4 ff.), die Aufstellung nationaler Allokationspläne (Art. 9), die Zertifikatszuteilung (Art. 10 f.) sowie die Ausgestaltung des Handels- und Abgabesystems (Art. 12 f.). Daher sind schon mit der Emissionshandelsrichtlinie die Grundpfeiler des Emissionshandelsrechts in der heutigen Ausprägung gelegt worden. Erkennbar ist jedoch außerdem, dass sich auf unionsebene lediglich Gedanken gemacht wurden, wie der Emissionshandel an einem funktionierenden Markt ausgestaltet werden soll, nicht hingegen, hinsichtlich der Frage, inwieweit Regelungen zu erlassen sind, die diejenigen emissionshandelspflichtigen Akteure betreffen, die zahlungsunfähig werden.

Die Ausgestaltung der ersten Handelsperiode innerhalb einer dreijährigen sog. Test- und Lern- oder Probephase[19] sah eine zu mindestens 95 % kostenlose Zuteilung von Zertifikaten ab dem 1. Januar 2005 vor.[20] In der folgenden Konsolidierungsphase (2. Handelsperiode) wurde die kostenlose Zuteilung auf 90 % für einen fünfjährigen Handelszeitraum ab 1. Januar 2008 abgesenkt.[21] Insgesamt ist erkennbar, dass in der Anfangszeit des Emissionshandels die klimaschützenden Maßnahmen nicht sehr streng umgesetzt worden sind. Ab Anfang 2012 wurde auch der Luftverkehr in den Emissionshandel einbezogen, nach einer ab 2010 laufenden Überwachungsphase der Treibhausgasemissionen.[22]

Der ersten und zweiten Handelsperiode war immanent, dass insoweit die Zuteilungsausgestaltung den Mitgliedsstaaten gem. Art. 11 Abs. 2 RL 2003/87/EG überlassen worden ist, wenngleich die Kommission schon innerhalb dieser Handelsperioden durch die Einführung konkreter Vorgaben bezüglich der nationalen Allokationspläne Verkürzungen hinsichtlich der Zuteilungsobergrenzen durchgesetzt hat, um die Klimaziele zu erreichen.[23]

---

18 Dazu ausführlicher: *Diehr*, Rechtsschutz im Emissionszertifikate-Handelssystem, S. 77 ff.; *Rengeling*, DVBl. 2000, 1725.
19 *Müller*, in: Ehricke, Energierecht im Wandel, 51, 52.
20 Vgl. dazu auch *Hohmuth*, Emissionshandel und Anlagenrecht, S. 67.
21 *Müller*, in: Ehricke, Energierecht im Wandel, 51, 52.
22 Zur Einführung des Luftverkehrs: *Sieberg*, NVwZ 2006, 141.
23 Vgl. Mitteilung der Kommission über die Bewertung der nationalen Pläne für die Zuteilung von Zertifikaten für Treibhausgasemissionen im zweiten Zeitraum des EU-Emissionshandelssystems, KOM (2006) 725.

Die Emissionsberechtigungen sind zwar als Emissionszertifikate im europarechtlichen Sinne europaweit handelbar, die anhand der Richtlinie gemachten
Vorgaben an die Mitgliedstaaten sind dabei jedoch denkbar knapp.[24]
Art. 12 Abs. 1 in Verbindung mit Art. 3 g RL 2003/87/EG gibt lediglich vor,
dass die Zertifikate zwischen natürlichen und juristischen Personen innerhalb der Gemeinschaft sowie zwischen Personen innerhalb der Gemeinschaft
und Personen in Drittländern, mit denen Abkommen im Sinne von Art. 25
Abs. 1 RL 2003/87/EG über die gegenseitige Anerkennung der Zertifikate
geschlossen wurden, übertragbar sind.

Im Zuge des EU-Klimapakets 2020[25] war eine weitere Senkung der Treibhausgasemissionen bis 2020 in Höhe von mind. 20 % und bis 2050 von mind. 50 % im
Vergleich zu 1990 vorgesehen.[26] Demnach erfolgten signifikante Anpassungen
durch die Änderungsrichtlinie 2009/29/EG, um insbesondere die Möglichkeiten
der nationalen Ausgestaltung unternehmensfreundlicher Allokationspläne zu

---

24 Vgl. *Körner*/Körner/Vierhaus, Einl. Rn. 45.
25 Das EU-Klimapaket 2020 beinhaltete die Richtlinie 2009/28/EG des Europäischen
    Parlaments und des Rates v. 23.4.2009 zur Förderung der Nutzung von Energie aus
    erneuerbaren Quellen und zur Änderung und anschließenden Aufhebung der Richt-
    linien 2001/77/EG und 2003/30/EG, ABl. L 140, S. 16; Richtlinie 2009/29/EG des Euro-
    päischen Parlaments und des Rates v. 23.4.2009 zur Änderung der Richtlinie 2003/87/
    EG zwecks Verbesserung und Ausweitung des Gemeinschaftssystems für den Handel
    mit Treibhausgasemissionszertifikaten, ABl. L 140, S. 63; Richtlinie 2009/30/EG des
    Europäischen Parlaments und des Rates v. 23.4.2009 zur Änderung der Richtlinie 98/
    70/EG im Hinblick auf die Spezifikationen für Otto-, Diesel- und Gasölkraftstoffe
    und die Einführung eines Systems zur Überwachung und Verringerung der Treib-
    hausgasemissionen sowie zur Änderung der Richtlinie 1999/32/EG des Rates im Hin-
    blick auf die Spezifikationen für von Binnenschiffen gebrauchte Kraftstoffe und zur
    Aufhebung der Richtlinie 93/12/EWG, ABl. L 140, S. 88; Richtlinie 2009/31/EG des
    Europäischen Parlaments und des Rates v. 23.4.2009 über die geologische Speicherung
    von Kohlendioxid und zur Änderung der Richtlinie 85/337/EWG des Rates sowie der
    Richtlinien 2000/60/EG, 2001/80/EG,2004/35/EG, 2006/12/EG und 2008/1/EG des
    Europäischen Parlaments und des Rates sowie der Verordnung (EG) Nr. 1013/2006,
    ABl. L 140, S. 114; Entscheidung Nr. 406/2009/EG des Europäischen Parlaments und
    des Rates v. 23.4.2009 über die Anstrengungen der Mitgliedstaaten zur Reduktion ihrer
    Treibhausgasemissionen mit Blick auf die Erfüllung der Verpflichtungen der Gemein-
    schaft zur Reduktion der Treibhausgasemissionen bis 2020, ABl. L 140, S. 136; dazu
    Epiney, ZUR 2010, 236 ff.; *Löschel/Moslener*, ZfE 2008, 248 ff.; *Nutzenberger*, UPR 2008,
    222, 222 f.
26 Erwägungsgründe 2 ff. RL 2009/29/EG in Anlehnung an die Konferenz von Bali zum
    Klimawandel im Jahr 2007.

beenden.[27] Mithin sollte eine unionsweite Emissionsobergrenze gewährleisten, dass die Klimaziele erreicht werden. Außerdem war eine grundlegende Harmonisierung der Umsetzung des Emissionshandels innerhalb der Mitgliedstaaten in der dritten Handelsperiode ab 2013 bis 2020 vorgesehen.[28] Diesbezüglich wurde die Vollversteigerung der Zertifikate als Allokationsmethode und das Grundprinzip der Zuteilung gem. Art. 10 2009/29/EG in Verbindung mit Erwägungsgrund 15 eingeführt.

Der zeitliche und administrative Ablauf wurde mithilfe der VO 1031/2010 (Versteigerungsverordnung) ausgestaltet.[29] Damit sollte insbesondere die Funktionsfähigkeit der Maßnahmen des Emissionshandels erhöht werden, indem ein Preis für die Zertifikate durch den Markt bestimmt werden sollte.[30]

Die sogenannten Carbon-Leakage-Sektoren[31] waren jedoch von der Versteigerung ausgenommen und erhielten in der dritten Handelsperiode weiterhin kostenlos eine anhand eines Benchmarks auszurichtende Menge an kostenlosen Zertifikaten, um der Abwanderung besonders energieintensiver Bereiche aus der EU vorzubeugen.[32] Die Gesamtzuteilungsmenge verringerte sich jedoch jährlich bis 2020 um einen linearen Faktor von 1,74 %.[33]

Vor dem Hintergrund der Minderungsziele hat die Kommission zusätzlich Maßnahmen ergriffen, um die Effektivität des Emissionshandels im Laufe der dritten Handelsperiode zu steigern. Die niedrigen Preise der Zertifikate[34] haben nämlich tiefgreifende Investitionen zugunsten der Emissionsminderung nicht notwendigerweise erforderlich gemacht. Daher wurden Emissionsberechtigungen

---

27 Dazu mit weiteren Nachweisen hinsichtlich der Lobbyismusversuche: *Wegener*, ZUR 2009, 283, 283 f.
28 Eingehend zur dritten Handelsperiode *Hutsch*, NJ 2010, 400.
29 Vgl. *Ehrmann*, et 2011, 116, 118 f.
30 Zur Zulässigkeit aus europarechtlicher Sicht: *Jungnickel/Dulce*, NVwZ 2009, 623; Für Unzulässigkeit aus finanzverfassungsrechtlicher Sicht wegen Unverhältnismäßigkeit annehmend: *Nawrath*, Emissionszertifikate und Finanzverfassung, S. 144.
31 Emissionsintensive Sektoren, vgl. dazu *Zenke/Telschow/Theobald/Kühling* Energierecht, 118. Emissionshandel Rn. 348 ff.
32 Ausführlich dazu insb. *Weinreich*/Landmann/Rohmer UmweltR, TEHG Vorb. § 1, Rn. 28 f.
33 Vgl. Erwägungsgrund 14 des Beschlusses der Kommission v. 22.10.2010; Art. 9 d. RL 2003/87/EG i.V.m. Art. 1 KOM, Beschl. v. 22.10.2010 zur Anpassung der gemeinschaftsweiten Menge der im Rahmen des EU-Emissionshandelssystems für 2013 zu vergebenden Zertifikate und zur Aufhebung des Beschlusses 2010/384/EU, Abl. 2010 L 279/34.
34 Mitte des Jahres 2017 lag der Preis pro Zertifikat bei ca. 5 €.

zeitweise durch die EU zurückgehalten („Backloading")[35] und in eine „Markt-stabilitätsreserve"[36] überführt.[37] Dies konnte den zwischenzeitlichen Preisverfall aufhalten und führte zu einer Stabilisierung der Preise am Markt.[38] Ausgangs-punkt der Mühen um eine weitere Herabsenkung der Treibhausgasemissionen ist auch die die 2018 eingeführte EU-Klimaschutzverordnung in VO 2018/842/EU.[39] Diese Verordnung sieht gem. Abs. 1 in den Erwägungsgründen eine Sen-kung der Treibhausgasemissionen von mindestens 40 % bis 2030 im Vergleich zum Basisjahr 1990 vor.

Ein Werkzeug zur Erreichung dieser Ziele ist die weitere Reform des Emis-sionshandels, woraufhin durch die Richtlinie 2018/410/EU[40] die Reform des EU-Emissionshandels in der von 2021 bis 2030 andauernden 4. Handelsperiode weitergeführt wird.

Beibehalten wurde nach anfänglicher Diskussion[41] die kostenlose Zuteilung von Emissionszertifikaten in den Carbon-Leakage-Sektoren anhand eines effi-zienzbasierten Ex-Ante-Benchmarks, wenngleich mit strengeren Vorgaben im Vergleich zur Zuteilung in den vorangegangenen Handelsperioden.[42]

---

35 VO (EU) Nr. 176/2014 der Kommission v. 25.2.2014 zur Änderung der VO (EU) Nr. 1031/2010 insbesondere zur Festlegung der im Zeitraum 2013–2020 zu verstei-gernden Mengen an Treibhausgasemissionszertifikaten.

36 Beschluss (EU) 2015/1814 des Europäischen Parlaments und des Rates vom 6. Okto-ber 2015 über die Einrichtung und Anwendung einer Marktstabilitätsreserve für das System für den Handel mit Treibhausgasemissionszertifikaten in der Union und zur Änderung der Richtlinie 2003/87/EG.

37 Vgl. dazu: *Stäsche*, EnWZ 2019, 248, 259 ff.; kritische Einordnung zum Stand in der 3. HP aus ökonomischer Sicht: *Gawel*, EnWZ 2016, 351.

38 Mitte 2019 lag der Preis für ein Emissionszertifikat bei rund 28 Euro.

39 Verordnung 2018/842/EU der Kommission vom 30. Mai 2018 zur Festlegung ver-bindlicher nationaler Jahresziele für die Reduzierung der Treibhausgasemissionen im Zeitraum 2021 bis 2030 als Beitrag zu Klimaschutzmaßnahmen zwecks Erfüllung der Verpflichtungen aus dem Übereinkommen von Paris sowie zur Änderung der Ver-ordnung (EU) Nr. 525/2013, Abl. L 156, S. 26.

40 Richtlinie (EU) 2018/410 des Europäischen Rates und des Rates vom 14. März 2018 zur Änderung der Richtlinie 2003/87/EG zwecks Unterstützung kosteneffizienter Emis-sionsreduktionen und zur Förderung von Investitionen mit geringem CO_2-Ausstoß und des Beschlusses (EU) 2015/1814, Abl. L. 76, S. 3.

41 Ursprünglich war gem. § 10a XI der Änderungsrichtlinie zur RL 2003/83/EG vor-gesehen, dass die kostenlose Zuteilung im Jahr 2027 enden solle, was Kritik aus der Wirtschaft zur Folge hatte.

42 Im Einzelnen zu den neuen Berechnungsmethoden Benchmarks und der Zuteilung im Carbon-Leakage-Sektor siehe *Zenke/Telschow*, IR 2018, 170, 170 f.

Für die Sektoren außerhalb des Carbon-Leakage-Bereiches sieht die RL 2018/410/EU vor, dass gem. Artikel 10 b Abs. 4, Zertifikate im Umfang von 30 % der gemäß Artikel 10 a bestimmten Menge zugeteilt werden. Weiterhin gilt nun aufgrund desselben Artikels, dass bis 2030 ein auf null abgesenktes Niveau der kostenlosen Zuteilung außerhalb des Carbon-Leakage-Sektors erreicht wird.[43]

Die Übergangsvorschriften bezüglich der Harmonisierung der kostenlosen Zuteilung von Emissionszertifikaten ab 2021 werden über die EU-Zuteilungsverordnung (EU-ZuVO)[44] ausgestaltet. Außerdem ist in der 4. Handelsperiode eine weitere Stärkung der Marktstabilitätsreserve[45] vorgesehen, die eine Verdopplung des Prozentsatzes auf nunmehr 24 % derjenigen Zertifikate vorsieht, die in die Reserve fließen sollen.[46] Des Weiteren ist gem. Art. 13 der geänderten Emissionshandelsrichtlinie vorgesehen, dass die Zertifikate aus den vorangegangenen Handelsperioden auch weiterhin Gültigkeit in der 4. Handelsperiode besitzen, was eine fortwährende Geltung der Emissionszertifikate zur Folge hat. Gemäß Art. 2 Abs. 1 des Vorschlags für ein Europäisches Klimagesetz[47] als Hauptbestandteil des „Europäischen Green Deals" soll bis 2050 ein ausgeglichener Treibhausgasausstoß erreicht werden, sodass die Emissionen bis zu diesem Zeitpunkt auf netto null reduziert sein sollen und Europa damit zu einem klimaneutralen Kontinent werden soll.[48] Die Bewertungsgrundlage für die Reduktionen bis 2030 sollen gem. Art. 2 Abs. 2 COM 2020/80 im September 2020 überprüft werden und damit einhergehend die Möglichkeit

---

43 Vgl. dazu und zur Aufteilung sowie Zusammensetzung des Zertifikatebudgets *Zenke/Telschow*, IR 2018, 150, 151 f.

44 Delegierte Verordnung (EU) 2019/331 der Kommission vom 19. Dezember 2018 zur Festlegung EU-weiter Übergangsvorschriften zur Harmonisierung der kostenlosen Zuteilung von Emissionszertifikaten gemäß Artikel 10a der Richtlinie 2003/87/EG des Europäischen Parlaments und des Rates, Abl. L. 59, S. 8.

45 Beschluss (EU) 2015/1814 des Europäischen Parlaments und des Rates vom 6. Oktober 2015 über die Einrichtung und Anwendung einer Marktstabilitätsreserve für das System für den Handel mit Treibhausgasemissionszertifikaten in der Union und zur Änderung der Richtlinie 2003/87/EG.

46 Vgl. *Zenke/Telschow*, IR 2018 170, 170.

47 Vorschlag für eine Verordnung des Europäischen Parlaments und des Rates zur Schaffung des Rahmens für die Verwirklichung der Klimaneutralität und zur Änderung der Verordnung (EU) 2018/1999 (Europäisches Klimagesetz), COM/2020/80 final.

48 Vgl. dazu Mitteilung der Kommission „Der europäische Grüne Deal", COM (2019) 640 final.

einer Senkung von 50 % der Treibhausgasemissionen bis 2030 im Vergleich zum Basisjahr 1990.

Die weiteren Auswirkungen bezüglich des europäischen Emissionshandels sind derzeit nicht abzusehen und ein konkreter Ausblick vermag hier nicht festgestellt werden. Eine weitere Senkung der Anzahl der kostenlos zugeilten Zertifikate und ein größerer Anteil an Zertifikaten, die in die Marktstabilitätsreserve überführt werden, um den Preis der einzelnen Zertifikate konstant zu halten, erscheinen jedoch wahrscheinlich, sofern es nochmals zu einem Einbruch der Preise der Zertifikate am Markt kommen sollte, wenn man die Entwicklung des EU-Emissionshandels betrachtet.

Nunmehr ist weiterhin entschieden, dass die Bereiche Verkehr und Gebäude in den Emissionshandel einbezogen werden sollen.[49] Insoweit dürften sich die rechtlichen Probleme und Fragestellungen in den nächsten Jahren nichts an ihrer Aktualität verlieren.

Nach alledem kann festgehalten werden, dass die Senkung der Treibhausgasemissionen innerhalb der EU ist ausweislich der vorher dargestellten Rahmenbedingungen das Hauptziel zum Schutz des Klimas als Grundlage zum Erhalt des Planeten.

Das Hauptwerkzeug zur Erreichung dieser Ziele ist in der EU insbesondere der Emissionshandel, welcher mithilfe marktwirtschaftlicher Instrumente die Betreiber klimabelastender Industrieanlagen dazu bringen soll, aus eigenem Antrieb Verbesserungen hinsichtlich des Klimaschutzes vorzunehmen, ohne dass dies staatlicherseits konkret für die einzelne treibhausgasemittierende Anlage vorgeschrieben wird. Dieser Ansatz zeigt Wirkung,[50] wenngleich der Emissionshandel stetig einer Weiterentwicklung und Anpassung unterliegt. Indes können diese staatlichen Eingriffe nicht als Fehlereingeständnis hinsichtlich des gesamten Systems gewertet werden, zumal nachträgliche Justierungen zur Gewährleistung der Stabilität bei einer bisher unbekannten Form des Klimaschutzes in der Natur der Sache liegen. Die effektive Ausgestaltung bedarf geradezu einer fortwährenden Anpassung an Marktgegebenheiten. Die Umsetzung

---

49 Zu Verkehr: „Ebenso wird die Kommission vorschlagen, den europäischen Emissionshandel auf den Seeverkehr auszuweiten und den Luftfahrtunternehmen im Rahmen des EU-Emissionshandelssystems weniger Zertifikate kostenlos zuzuteilen", COM (2019) 640, S. 13; zu Gebäude: 2.1.4. Energie- und ressourcenschonendes Bauen und Renovieren, COM (2019) 640, S. 11.

50 Die Emissionsminderungsziele für 2020 werden wohl knapp erreicht, vgl. Agora Energiewende vorl. Jahresbericht 2020, S. 1 ff.

der Richtlinien in deutsches Recht erfolgen über das Treibhausgasemissionshandelsgesetz[51] in der jeweils aktuellen Fassung.

In den ersten beiden Handelsperioden regelten noch die nationalen Allokationspläne (NAP I und II)[52] die Höchstbegrenzung (Cap) sowie die Zuteilung über die deutschen Zuteilungsgesetze 2007 und 2012,[53] welches durch die Zuteilungsverordnung 2012[54] ergänzt worden ist.

Seit der 3. Handelsperiode gilt nunmehr die sich auf die europäischen Vorgaben beziehende Zuteilungsverordnung 2020.[55] Diese setzt die durch die EU festgelegten Parameter der kostenlosen Zuteilung um und beinhaltet nähere Bestimmungen zu den Berechnungen der Zuteilungshöhe. Für die nachfolgende vierte Handelsperiode ist die EU-Zuteilungsverordnung[56] vorgesehen, welche unmittelbare Wirkung auch im deutschen Rechtsraum entfaltet. Ergänzt wird das TEHG noch von einzelnen nationalen Rechtsverordnungen, auf die bei den folgenden Ausführungen bei entsprechender Relevanz Bezug genommen wird. Für die vierte Handelsperiode ist die EHV 2030[57] maßgeblich, welche gem. § 1 EHV 2030 im Anwendungsbereich des TEHG gilt und, welche der

---

51 Erste Fassung: Gesetz zur Umsetzung der Richtlinie 2003/87/EG über ein System für den Handel mit Treibhausgasemissionszertifikaten in der Gemeinschaft vom 8. Juli 2004, BGBl. 2004 I, S. 1578.

52 Nationaler Allokationsplan für die Bundesrepublik Deutschland 2005–2007, Bundesministerium für Umwelt, Naturschutz und Reaktorsicherheit v. 31.3.2004; Nationaler Allokationsplan für die Bundesrepublik Deutschland 2008–2012, Bundesministerium für Umwelt, Naturschutz und Reaktorsicherheit v. 28.6.2006.

53 Zuteilungsgesetz 2007: Gesetz über den nationalen Zuteilungsplan für Treibhausgas-Emissionsberechtigungen in der Zuteilungsperiode 2005 bis 2007 vom 26. August 2004, BGBl. I 2004, S. 2211; Zuteilungsgesetz 2012: Gesetz über den nationalen Zuteilungsplan für Treibhausgas-Emissionsberechtigungen in der Zuteilungsperiode 2008 bis 2012 vom 7. August 2007, BGBl. I 2007, S. 1788.

54 Verordnung über die Zuteilung von Treibhausgas-Emissionsberechtigungen in der Zuteilungsperiode 2008 bis 2012 vom 13. Oktober 2007, BGBl. I 2007, S. 1941.

55 Verordnung über die Zuteilung von Treibhausgas-Emissionsberechtigungen in der Handelsperiode 2013 bis 2020 vom 26. September 2011, BGBl. I 2011, S. 1921.

56 Delegierte Verordnung (EU) 2019/331 der Kommission vom 19. Dezember 2018 zur Festlegung EU-weiter Übergangsvorschriften zur Harmonisierung der kostenlosen Zuteilung von Emissionszertifikaten gemäß Artikel 10a der Richtlinie 2003/87/EG des Europäischen Parlaments und des Rates, Abl. L. 59, S. 8.

57 Verordnung zur Durchführung des Treibhausgas-Emissionshandelsgesetzes in der Handelsperiode 2021 bis 2030 (Emissionshandelsverordnung 2030 – EHV 2030), vom 29.4.2019, BGBl. I, S. 538.

Konkretisierung der Anforderungen in §§ 5, 6, 8, 9, 21, 22 und 24 TEHG sowie der Umsetzung eines Systems zur Privilegierung von Kleinemittenten für die Handelsperiode 2021 bis 2030 dient.[58]

Im Rahmen der weitergehenden Gesetzesvorhaben der EU des sogenannten „Fit for 55 in 2030", welches Bestandteil des Europäischen Klimaschutzgesetzes[59] ist, werden ab 2026 kostenfreie Emissionszertifikate für Unternehmen innerhalb der EU stufenweise auslaufen und ab 2034 vollständig verschwinden. Zwischen 2026 und 2034 wird die Ausgabe kostenloser Treibhauszertifikate für Unternehmen schrittweise reduziert, bis sie 2034 komplett aufgehoben wird. Für den Luftverkehrssektor sollen kostenlose Emissionszertifikate bereits ab 2026 der Vergangenheit angehören. Daneben wird die Menge an vorhandenen Emissionszertifikaten weiter sukzessive verknappt, so dass sich der Marktpreis nach den allgemeinen Grundsätzen erhöhen wird. Schließlich werden beginnend mit dem Jahr 2024 auch Fracht- und Passagierschiffe ab 5000 Bruttoregistertonnen in das Emissionshandelssystem einbezogen. Gleichzeitig haben sich die Mitgliedstaaten darauf verständigt, der Verlagerung von CO_2-Emissionen in Nicht-EU-Staaten einen Riegel vorzuschieben und bis zum Jahr 2027 ein Emissionshandelssystem (ETS II) auch für CO_2-Emissionen im Verkehrs- und Gebäudesektor einzuführen.[60]

Zusammenfassend lässt sich festhalten, dass der Ausstoß von Treibhausgasen innerhalb der EU sektorübergreifend künftig ausschließlich über Emissionsrechte gesteuert werden und sich der Markpreis umweltschädlicher Aktivitäten auch weiterhin erhöhen soll. Folglich werden sich auch in Zukunft rechtliche Fragestellungen stellen, die den Handel mit Emissionszertifikaten und die jeweiligen Betreiberpflichten betreffen.

II. Problemstellung

Aus alledem ergibt sich, dass das Emissionshandelsrecht als Grundentscheidung einen marktbasierten Ansatz verfolgt, mithin auf einen funktionsfähigen

---

58 Emissionshandelsverordnung 2030 vom 29. April 2019 (BGBl. I S. 538).

59 Verordnung (EU) 2021/1119 des Europäischen Parlaments und des Rates vom 30. Juni 2021 zur Schaffung des Rahmens für die Verwirklichung der Klimaneutralität und zur Änderung der Verordnungen (EG) Nr. 401/2009 und (EU) 2018/1999 („Europäisches Klimagesetz").

60 https://www.europarl.europa.eu/news/de/press-room/20221212IPR64527/klimasch utz-einigung-uber-ehrgeizigeren-eu-emissionshandel-ets (zuletzt aufgerufen am 8.3.2023).

Wirtschaftsmarkt ausgerichtet ist. Das Insolvenzrecht hingegen führt gerade dazu, dass die Vermögensmasse des Insolvenzschuldners diesem Markt entzogen werden soll und unter die Verwaltungs- und Verfügungsbefugnis eines Insolvenzverwalters gestellt wird. Insoweit stellt sich die Frage, wie dieses Spannungsfeld aufzulösen ist. In anderen Teilbereichen, die eine Verknappung der Güter zum Gegenstand haben, namentlich die Verwertbarkeit von Lizenzen, Nutzungsmöglichkeiten und Berechtigungen sind von jeher Streitgegenstand verschiedener Diskussionen im Insolvenzrecht.[61] Das Interesse an der Verwertungsmöglichkeit aufseiten des Insolvenzverwalters und der Gläubiger steht hier im Spannungsfeld mit den vielfältigen Interessen des Berechtigungsgebers. Anders gewendet: Im Rahmen der Zuordnungsfrage sind die Interessen mannigfaltig.

Weiterhin wird an anderer Stelle, soweit es sich um den Markt betreffende Gesetze handelt, in verschiedener Hinsicht die Problematik zweier unterschiedlicher Systeme deutlich. Insoweit wird oftmals erkennbar, dass der Gesetzgeber den Fall der Insolvenz nicht in der Gesetzesfindung berücksichtigt, sodass die einschlägigen Normen im Spannungsfeld mit dem Insolvenzrecht stehen. Dies zeigt sich im Rahmen des vorliegenden Themas schon anhand der späteren Einführung eines die Insolvenz betreffenden Tatbestands in § 25 Abs. 3 TEHG, welcher erst 16 Jahre nach Einführung des TEHG eingefügt worden ist.[62]

Dabei ist sich innerhalb dieses Spannungsfelds über die Einordnung der jeweiligen Systeme zu nähern. Die Literatur zu Sinn und Zweck des Insolvenzrechts ist ausufernd.[63] Zuletzt galt dies insbesondere vor und während der Insolvenzrechtsreform[64] um die vergangene Jahrtausendwende mit Übergang von Konkurs- zur Insolvenzordnung, sodass sich der Gesetzgeber zur Klarstellung veranlasst sah, eine Zielbestimmung des Insolvenzverfahrens in § 1 InsO zu

---

61 Vgl. dazu die umfassende Darstellung mit weiteren Nachweisen bei *Pahlow*/BeckOGK, BGB, § 581 Rn. 363 ff.; zu weiteren rechtsträgerspezifischen Berechtigungen: *Bitter*/*Laspeyres*, ZIP 2010, 1157.
62 Geändert durch Artikel 18 G. v. 10.08.2021, BGBl. I S. 3436.
63 Zu den Zielen der Insolvenzordnung statt vieler: *Prütting*/Kübler/Prütting/Bork, § 1 Rn. 10 ff.; zum Zweckkatalog des § 1 insb. *K. Schmidt*/K. Schmidt, InsO § 1 Rn. 4 ff.; zum Gläubigerschutz eingehend: *Thole*, Gläubigerschutz durch Insolvenzrecht, S. 13 ff.
64 Dazu insb. *Häsemeyer*, Insolvenzrecht, Rn. 1.05 ff.; *Prütting*, Kölner Schrift zur Insolvenzordnung, S. 221 ff.

setzen.[65] Die in § 1 InsO dargelegte Zielbestimmung kann jedoch keine objektiv-generelle Definition darstellen, vor allem aufgrund der einzelfallorientierten Betrachtung jedweder Insolvenz.[66] So wird in der Literatur mitunter von einer „Präambelwirkung" des § 1 InsO gesprochen.[67] Die in § 1 InsO genannten Ziele stecken folglich den Rahmen ab, in dem sich das Insolvenzverfahren bewegen soll, welches durch den Insolvenzverwalter gesteuert wird.[68] Wie jedoch das Insolvenzverfahren im Einzelnen ausgestaltet wird, hängt von mehreren Interessen ab[69] und hat jedoch immer die bestmögliche und gemeinschaftliche Befriedigung der Gläubiger zum Gegenstand.[70]

Dabei ist die Maximierung des haftenden Schuldnervermögens vorrangiges Ziel bei einer auf Abwicklung gerichteten Insolvenz.[71] Allerdings kann auch die Weiterführung des Betriebs als Weg aus einer materiellen Insolvenz[72] zweckmäßig sein kann, um die Masse zu mehren.[73]

Dem Insolvenzverwalter stehen insoweit Maßnahmen zur Verfügung, die Insolvenzmasse zu mehren bis zu einer möglichen Vollabwicklung des Vermögens, soweit dies erforderlich erscheint.[74] Zusätzlich gilt auch die Gläubigergemeinschaft in Form der Gleichbehandlung aller Gläubiger, die sich insbesondere über die quotale Befriedigung der Insolvenzgläubiger ausdrückt, wenn die volle Befriedigung aller Gläubiger über die Insolvenzmasse nicht mehr möglich ist.[75] Eine Mitwirkung der Gläubiger ist im Insolvenzverfahren gewollt und Ausdruck der Gläubigergemeinschaft – so kann beispielsweise ein Insolvenzplan über die

---

65 *Ganter/Bruns*/MüKo InsO, § 1 Rn. 6 mit weiteren Nachweisen zur einhergehenden Kritik an einer möglichen Einbußung der Autorität des Gesetzgebers aufgrund einer allgemeinen Aussage zu Beginn der Insolvenzordnung.

66 Sodass teilweise angebracht wird, dass sich „die Zwecke, die der Gesetzgeber verfolgte, aus dem Gesetzestext ableiten, wenn es den § 1 nicht gäbe.": *Henckel*/Jaeger InsO, § 1 Rn. 2.

67 *K. Schmidt*/K. Schmidt InsO, § 1 Rn. 3.

68 Zur Rechtsstellung des Insolvenzverwalters als Vertreter des Insolvenzschuldners siehe insb. *Stamm*, KTS 2016, 279.

69 So bspw. auch mögliche Interessen des Schuldners, vgl. *Pape*/Uhlenbruck, § 1 Rn. 1.

70 *Ludwig*/Braun InsO, § 1 Rn. 2.

71 *Prütting*/Kübler/Prütting/Bork InsO, § 1 Rn. 28 f.

72 Zur Zahlungsunfähigkeit und Überschuldung vgl.*Ludwig*/Braun InsO, § 1 Rn. 3.

73 *Pape*/Uhlenbruck, § 1 Rn. 1.

74 Vgl. *Ganter/Bruns*/MüKo InsO, § 1 Rn. 47.

75 *Prütting*/Kübler/Prütting/Bork § 1 Rn. 13 ff.

Gläubigerversammlung ausgearbeitet werden, der für den Insolvenzverwalter bindend ist.[76]

Das Verfahren des Insolvenzrechts ist vorrangig ein Zwangsvollstreckungsverfahren, wobei auch Bereiche dem Erkenntnisverfahren zugeordnet werden können – insgesamt hat es daher eine Ordnungsfunktion.[77]

Eine detaillierte Darstellung der unterschiedlichen Ausprägungen der Verfahrensarten im Wege der Restschuldbefreiung, der Regelinsolvenz oder des Planinsolvenzverfahrens ist für das Thema dieser Arbeit nicht notwendig. Indes gilt die Maßgabe: „So groß die Varianten im Insolvenzverfahren sind, es ist doch ein einziges Verfahren, wenn auch mit offenem Ausgang."[78]

Zusammenfassend bleibt festzuhalten, dass das vorgenannte Ziel der bestmöglichen Gläubigerbefriedigung und das Prinzip der Gläubigergleichbehandlung als Auslegungshilfe der jeweils einschlägigen Normen heranzuziehen sind.

Das Spannungsfeld zwischen Insolvenzrecht und dem öffentlichen Recht ist ein Klassiker der rechtswissenschaftlichen Literatur. Hauptfragestellung ist jeweils, ob eine Privilegierung des Staates als Gläubiger statthaft ist. Die Besonderheit ist nämlich, dass der Staat als Gläubiger außerhalb des Insolvenzverfahrens befugt ist, seine Forderungen selbst festzusetzen und zu vollstrecken, sodass die Gefahr besteht, dass die öffentliche Hand eine eigens durchsetzbare Bevorteilung im Insolvenzverfahren erfährt. Diese Problematik ist auch der öffentlich-rechtlichen Pflichterfüllung immanent. Soweit die öffentliche Hand, die ihr gegenüber zu erfüllenden Pflichten an den anderen Gläubigern im Insolvenzverfahren vorbei durchzusetzen befugt ist, geht damit eine Schmälerung der Insolvenzmasse zulasten der übrigen Gläubiger einher.

Diese Problematik erfährt im Emissionshandelsrecht eine neue Ausprägung, zumal dieses System noch die Besonderheit von europarechtlichen Vorschriften des Klimaschutzes beinhaltet und sich daher die Frage des europarechtlichen Anwendungsvorrangs hinsichtlich der objektivierten Senkungsziele hinsichtlich der Treibhausgasemissionen stellt. Die Gemeinsamkeit des unbedingten Schutzes der unterschiedlichen Regelungssysteme, einerseits der Gläubigerschutz und andererseits der Klimaschutz, führt zwangsläufig zu Reibungen zwischen den Zielen des Insolvenzrechts und dem Emissionshandelsrecht. Eine unbedingte Vollverwirklichung der Ziele ohne Harmonisierung auf beiden Seiten kann es dabei allein aus der Natur der Sache nicht geben.

---

76 *Ganter/Bruns*/MüKo InsO § 1 Rn. 61 ff.
77 Dazu insb. *Prütting*/Kübler/Prütting/Bork InsO, Rn. 60 ff.
78 *K. Schmidt*/K. Schmidt InsO, § 1 Rn. 3.

III. Gang der Darstellung

Die Diskussion, ob die kostenlose Zuteilung der Emissionszertifikate eine Beihilfe ist, wird auch ausgeklammert. Des Weiteren werden Probleme, betreffend grenzüberschreitende Insolvenzen nicht näher beleuchtet. Auf weitergehende Ausführungen zum Emissionshandel im Luftverkehr wird in dieser Arbeit verzichtet, da sich die wesentlichen Pflichten nicht unterscheiden.

Zunächst werden die Pflichten im Emissionshandelsrecht in der Insolvenz des Anlagenbetreibers anhand der typischen emissionshandelsrechtlichen Pflichten dargestellt und im Lichte des Insolvenzrechts betrachtet. Zusätzlich zum EU-Emissionshandel werden die Pflichten aus dem neuartigen Brennstoffemissionshandel dargestellt und verglichen, um Parallelen und Unterschiede deutlich zu machen. Auch das Verhältnis vom deutschen Brennstoffemissionshandel zum Insolvenzrecht soll in der Folge insolvenzrechtlich eingeordnet werden.

In der Folge soll die Einordnung der bisher ungeklärten Rechtsnatur und der dogmatischen Grundstrukturen des Übertragungstatbestands Klarheit in die diesbezüglich einzuhaltenden Pflichten des Insolvenzverwalters geben.

Die Ausarbeitung der verschiedenen Pflichten im Emissionshandelssystem hat entschiedene fiskalische Auswirkungen für den Staat, zumal bei der Einordnung als Insolvenzforderung die Gefahr besteht, nur eine quotale Befriedigung zu erhalten. Gleichzeitig hat die Zuordnung der Emissionszertifikate in die Insolvenzmasse aber auch entscheidende Bedeutung für die bestmögliche Befriedigung der Gläubiger, da sie die Masse anreichern könnte, soweit sie Bestandteil der Insolvenzmasse ist.

Diese Arbeit wird zeigen, dass innerhalb des geltenden rechtlichen Regelungsrahmens nur eine teilweise Harmonisierung möglich ist, sodass am Ende der Arbeit Vorschläge zur Gesetzesanpassungen angeführt werden.

B. Vorrangstellung eines Rechtsgebiets

Zunächst ist herauszuarbeiten, ob ein möglicher Vorrang eines der in Einklang zu bringender Rechtsgebiete festzustellen ist, sodass dies eine Überordnung vor dem jeweils anderen Rechtsgebiet zu beachten wäre. Zunächst ist vorab festzuhalten, dass durch höchstrichterliche Rechtsprechung geklärt ist, dass das Emissionshandelssystem in seiner derzeitigen Ausgestaltung verfassungsgemäß ist.[79] Dabei wurde insbesondere herausgearbeitet, dass die Einführung des Emissionshandels durch die RL 2003/87/EG nicht gegen das Grundrecht auf Eigentum gem. Art. 14 GG verstößt.[80] An dieser Rechtsprechung hat sich folglich jedwede Auseinandersetzung mit der materiellen Ausgestaltung des Emissionshandelsrechts zu messen. In der Literatur betrifft die Kritik insbesondere Fragen der weiteren Verknappung der Allokation und der absoluten Mengenbegrenzung, die im Folgenden an den betreffenden Stellen aufgegriffen werden.

a) Umwelt- und Klimaschutz in der EU

Dafür müssen zunächst diejenigen Normen betrachtet werden, die den Umweltschutz formen und rechtlich ausgestalten.

Die Ziele der Umweltpolitik der EU sind in Titel XX des Vertrags über die Arbeitsweise der Europäischen Union geregelt. Art. 191 Abs. 1 AEUV stellt dabei heraus:

Die Umweltpolitik der Union trägt zur Verfolgung der nachstehenden Ziele bei:
- *Erhaltung und Schutz der Umwelt sowie Verbesserung ihrer Qualität;*
- *Schutz der menschlichen Gesundheit;*
- *umsichtige und rationelle Verwendung der natürlichen Ressourcen;*
- *Förderung von Maßnahmen auf internationaler Ebene zur Bewältigung regionaler oder globaler Umweltprobleme und insbesondere zur Bekämpfung des Klimawandels.*

Aus diesen offenen Formulierungen kann indes für Unionsbürger kein subjektiv-öffentliches Recht auf umweltschützende Maßnahmen in Einzelfallentscheidungen gesehen werden.[81]

---

79 BVerwG, Urteil vom 30.6.2005 – 7 C 26/04 mit Anm. *Murswiek,* JuS 2006, 280; BVerfG Beschluß vom 14.5.2007 – 1 BvR 2036/05.

80 Vgl. Entscheidungsgrund 5, BVerfG Beschluß vom 14.5.2007 – 1 BvR 2036/05.

81 Vgl. *Kahl*/Streinz AEUV, Art. 191 Rn. 27 mit weiteren Nachweisen.

Als Kehrseite gehen auch die Befugnisse der EU nicht so weit, dass die Begründung etwaiger Entscheidungen allein aufgrund des Umweltschutzes in Form eines übergeordneten Rechtsinstituts erfolgen kann.[82] Vielmehr sind dies allgemeinpolitische Ziele und die einzelne Ausformung des Umweltschutzes bedarf der darauf begründeten Richtlinien und Verordnungen.[83] Daher ist die vorzugswürdige Bezeichnung wohl eine staatszielähnliche Aufgabenbeschreibung.[84] Allerdings darf die Entscheidung des EuGH[85] nicht unerwähnt bleiben, die eine Regelung aus dem Steuerrecht – dessen Gesetzgebungskompetenz eigentlich den jeweiligen Mitgliedstaat zukommt[86] – für unanwendbar erklärt hat. Im in Rede stehenden Fall wurde ein Steuertatbestand für nichtig erklärt, welcher an den wirtschaftlichen Wert, der nicht verwendeten Emissionsberechtigungen anknüpfte. Es dürfe nämlich – so der EuGH – der Anreiz zur Verringerung von Treibhausemissionen nicht so weit abgeschwächt werden, dass er vollständig beseitigt werde. Dies sei jedoch durch die Erhebung einer Steuer der Fall, die in der Höhe des Zeitwerts der Berechtigungen erhoben werde.[87]

Folglich bleibt bei Regelungen, die der Effektivität des Emissionshandels entgegenstehen, die Befugnis des EuGH diese für unanwendbar[88] zu erklären, obwohl sie – wie hier das Steuerrecht – eigentlich in den Kernbereich der Gesetzgebung der Mitgliedstaaten fallen.

Indes lässt sich daraus nicht ableiten, dass dem Umweltschutz per se ein Vorrang eingeräumt wird. Es handelt sich vielmehr um die Anwendung bereits bestehender Normen als Konkretisierung der Klimaschutzziele der Europäischen Union. Außerdem wurde – soweit ersichtlich – bisher noch keine deutsche insolvenzrechtliche Norm als unvereinbar mit dem EU-Emissionshandel erklärt.

Mithin ist der oben genannten Rechtsprechung nur die potenziell die Möglichkeit zu entnehmen, dass die Ziele des Emissionshandels als Ausdruck des Umwelt- und Klimaschutzes übergeordnet sein könnten, soweit die Funktionsfähigkeit des Emissionshandelsrechts eingeschränkt wird.

---

82 *Calliess*/Calliess/Ruffert AEUV, Art. 191 Rn. 47, 49, 50.
83 Vgl. als aktuelles Vorhaben „Der Europäische Grüne Deal" COM(2019) 640 final.
84 *Kahl*/Streinz AEUV, Art. 191 Rn. 47; *ders.*, Umweltprinzip und Gemeinschaftsrecht, S. 19.
85 EuGH, Urteil vom 12.4.2018 – C-302/17 (PPC Power).
86 Solange sie nicht gegen Regelungen des Binnenmarkts verstoßen, vgl. Art. 110–118 AEUV.
87 Dazu Anmerkung *Ehrmann*, NVwZ 2018, 970.
88 So auch diejenige, betreffend der Härtefallregelung im TEHG, siehe oben.

b) Umweltschutz im Grundgesetz

Die Ausformung einer Staatszielbestimmung des Umweltschutzes findet sich auch in Art. 20a GG, die genau wie diejenige im EU-Recht keine subjektiven Schutzansprüche vermittelt.[89] Außerdem ergibt sich aus Art. 20a GG keine Drittwirkung für Privatrechtssubjekte.[90]

Ein übergeordnetes Rechtsprinzip lässt sich folglich auch aus dieser Staatszielbestimmung im Grundgesetz nicht ableiten, sodass auch aufgrund von Art. 20a GG der Klimaschutz per se nicht als übergeordnet schützenswertes Prinzip dem Insolvenzrecht gegenüber vorrangig ist.

Allerdings nur insoweit, wie die jeweiligen Regelungen nicht zu ihrer Wirkung verhelfen. So hat das Bundesverfassungsgericht nunmehr entschieden, dass der Staat zum Klimaschutz verpflichtet ist, wenn die Freiheit zukünftiger Generationen nicht mehr in der Weise gewährleistet werden kann, wie sie heutigen Menschen in der Bundesrepublik Deutschland zuteilwird.[91] Folglich kann dem Umwelt- und Klimaschutz eine übergeordnete Bedeutung bekommen, wenn der Gesetzgeber nicht hinreichend Maßnahmen ergreift, die zum Schutze des Klimas nötig sind. Hier ist der Gesetzgeber allerdings über die Einführung des Emissionshandels hinreichend tätig geworden. Innerhalb dieser Maßstäbe stellt sich für die Zwecke dieser Arbeit nun die Wirkung des Insolvenzrechts.

c) Möglicher Vorrang der Insolvenzordnung im Vergleich zu anderen Rechtsgebieten

Möglicherweise könnte aber die Verwirklichung der Zwecke und Ziele der Insolvenzordnung ihrerseits dazu führen, dass Vorrang vor rechtlichen Grundsätzen anderer Rechtsgebiete besteht. Festzustellen ist zunächst, dass die Insolvenzordnung erhebliche Eingriffe in das Eigentum und die Privatautonomie zum Gegenstand hat, indem die gesamte Verwaltungs- und Verfügungsgewalt über das Vermögen des Schuldners auf den Insolvenzverwalter gem. § 80 InsO übergeht.[92] Gleichwohl bleibt der Schuldner Eigentümer.[93] Mithin ist dem

---

89 *Scholz*/Maunz/Dürig, Art. 20a Rn. 32 ff.
90 *Scholz*/Maunz/Dürig, Art. 20a Rn. 45.
91 BVerfG, Beschluss des Ersten Senats vom 24. März 2021 – 1 BvR 2656/18.
92 Zum Zweck und zur Entstehungsgeschichte des § 80 InsO siehe insb. *Lüke*/Kübler/Prütting/Bork, § 80 Rn. 1 ff.
93 Vgl. statt vieler *Vuia*/MüKo InsO, § 80 Rn. 6 f.

Insolvenzverfahren eine Einschränkung der zivilrechtlichen Handlungsfähigkeiten im Rechtsverkehr immanent.

Bekannt ist aber auch die Überordnung der Insolvenzordnung vor gesellschaftsrechtlichen Erwägungen durch eine Entscheidung des BGH, die die Zulässigkeit der Freigabe von Gesellschaftsvermögen im Insolvenzverfahren für zulässig sah, da dieses als nicht massevergrößernd eingeordnet worden ist.[94] Wobei die vielfältigen Spannungsfelder in der Insolvenz einer Gesellschaft hier nicht vertieft dargestellt werden können.[95] Festzuhalten ist allerdings, dass in anderen Rechtsbereichen jedenfalls Entwicklungen zu einer Überordnung der Insolvenzzwecke erkennbar sind, wenn die Zwecke des Insolvenzverfahrens nicht hinreichend verwirklicht werden können. Teilweise wird allerdings auch von einem Vorrang des Insolvenzrechts im Verwaltungsrecht gesprochen.[96] Dabei wird insbesondere der Vorrang der insolvenzrechtlichen Verfahrensordnung vor einem verwaltungs-, finanz-, oder sozialgerichtlichen Verfahren angeführt.[97] Dieser sei insbesondere dadurch begründet ist, dass mögliche Gerichtsverfahren, die Insolvenzmasse schmälern könnten und damit dem Zweck der Gläubigerbefriedigung entgegenstünden.[98]

Ein übergeordnetes Rechtsprinzip jedoch, welches neben der Verwirklichung der Ziele der Gläubigerbefriedigung als besonderes Verfahrensrecht anzuerkennen ist, kann insgesamt dem Insolvenzrecht nicht beigemessen werden.

Die Verfahrensordnung des Insolvenzrechts wird vielmehr im Wege einer bestmöglichen Erreichung der Gläubigerbefriedigung in Einklang mit anderen Rechtsgebieten gebracht.

d) Zwischenergebnis

Der rechtlichen Ausgestaltung der Umweltschutzziele lässt sich insgesamt kein übergeordnetes Rechtsprinzip entnehmen, welches einen absoluten Vorrang vor dem Insolvenzrecht begründen könnte, soweit grundsätzlich Maßnahmen im Sinne der oben genannten Entscheidung des Bundesverfassungsgericht[99] ergriffen worden sind. Es ist zwar ersichtlich, dass Klima- und Umweltschutz

---

94 BGH, Urteil vom 21.4.2005 – IX ZR 281/03 mit Anm. von *K. Schmidt*, JuS 2005, 846.
95 Für einen Überblick vgl. *K. Schmidt*/K. Schmidt InsO, Einl. Rn. 23.
96 *Pape*/Kübler/Prütting/Bork, § 14 Rn. 256.
97 Vuia/MüKo InsO, § 14 Rn. 116 ff.
98 Vgl. dazu auch Vgl. auch zu Steuerbescheiden BFH, Urteil vom 18.12.2002 – I R 33/01; BFH, Urteil vom 24.8.2004 – VIII R 14/02.
99 BVerfG, Beschluss des Ersten Senats vom 24. März 2021 – 1 BvR 2656/18.

auf der politischen Agenda einen hohen Stellenwert haben und sich dies auch in der Gesetzgebung wiederfindet.[100] Dennoch führt dies nicht von vornherein zu einer Aushebelung anderer Rechtsgebiete in Form einer Vorrangwirkung um ihrer selbst willen; freilich nur, solange der Gesetzgeber nicht tätig wird und die einzelnen Bestimmungen möglicherweise dahingehend konkretisiert werden und eine Vorrangstellung im Einzelfall konstituieren.

Es sei außerdem nochmals angemerkt, dass Ausdruck des Emissionshandels gerade die Ausprägung eines durch den Gesetzgeber favorisierten Ansatzes des Klimaschutzes in Form der Minderung der Treibhausgasemissionen durch marktwirtschaftliche Elemente darstellt.

Folglich ist die Ausprägung des Klimaschutzes mithilfe eines Handelssystems gleichsam eine Entscheidung zugunsten des Marktes. Seine Ausprägung und Rechtsvorschriften sind demnach in zweckmäßiger Weise abzusichern und die Funktionsfähigkeit ist zu gewährleisten. Daher gilt auch, dass grundsätzlich diejenigen Regelungen akzeptiert werden müssen, die Anwendung finden, wenn ein Marktteilnehmer zahlungsunfähig wird und Insolvenz anmelden muss – mithin den Markt verlässt.

Eine Vorrangstellung bei einem der in Einklang zu bringender Rechtsgebiete ist mithin nicht ersichtlich, wenngleich etwaige Regelungen aus der Insolvenzordnung, die die Effektivität des Emissionshandels beeinträchtigen könnten, noch nicht Gegenstand eines Verfahrens vor dem EuGH waren. Ohnehin wäre damit keine Entscheidung über die grundsätzliche Vorrangstellung des Klimaschutzrechts im Vergleich zum Insolvenzrecht.

Die Überprüfung der Pflichten des Betreibers einer emissionshandelspflichtigen Anlage in der Insolvenz und das Schicksal der Emissionsberechtigungen sind daher anhand der allgemeinen Rechtsgrundsätze zu bewerten.

Gleichwohl dürfte es angezeigt sein, etwaige Spannungsfelder deutlich zu machen, die aufgrund der unterschiedlichen Zweckrichtungen bestehen und nicht aufgelöst werden können.

Daher sind Emissionshandelsrecht und Insolvenzrecht über grundlegende Prinzipien in Einklang zu bringen und nicht eines der beiden Rechtsgebiete als übergeordnet anzusehen.

---

100 Teilweise wird von einem „more environmental approach" gesprochen, vgl. dazu *Jacobs*, Europäischer Emissionshandel, EEG und das Recht der Umweltbeihilfen, S. 274.

C. Die Stellung des Insolvenzverwalters und des Sachwalters in der Eigenverwaltung des in der Insolvenz befindlichen emissionshandelspflichtigen Anlagenbetreibers

Der Insolvenzverwalter könnte nach Eröffnung des Insolvenzverfahrens der Betreiber der emissionshandelspflichtige(n) Anlage(n) des Insolvenzschuldners sein. Die mögliche Betreiberstellung des Insolvenzverwalters wurde hinsichtlich des Betreibers einer immissionsschutzrechtlichen Anlage bereits ausgiebig diskutiert.[101] Daher werden insoweit Vergleichbarkeitserwägungen angestellt und im Folgenden eine Auseinandersetzung mit den entsprechenden Argumenten vorgenommen.

I. Der Insolvenzverwalter als Betreiber einer Anlage im Sinne des TEHG

Eine Anlage ist gem. § 3 Nr. 1 TEHG eine Betriebsstätte oder sonstige ortsfeste Einrichtung.

Der Anwendungsbereich des TEHG erstreckt sich gem. § 2 Abs. 2 TEHG bei den in Anhang 1 Teil 2 Nummer 2 bis 31 genannten Anlagen auf alle Anlagenteile und Verfahrensschritte, die zum Betrieb notwendig sind sowie Nebeneinrichtungen, die mit den Anlagenteilen und Verfahrensschritten nach Nummer 1 in einem räumlichen und betriebstechnischen Zusammenhang stehen und die für das Entstehen von den in Anhang 1 Teil 2 genannten Treibhausgasen von Bedeutung sein können.

Die in diesen Teilen genannte Anlage wird zu einer emissionshandelspflichtigen Anlage, sobald der erstmalige Ausstoß von Treibhausgasen getätigt wird, der noch nicht in Zusammenhang mit der Herstellung eines Produkts bestehen muss – entscheidend ist allein die emissionshandelspflichtige Tätigkeit.[102] Dennoch ist zwischen Emissionen, die in Zusammenhang mit Errichtung der Anlage und solchen, die der Tätigkeit zuzurechnen sind, zu unterscheiden.[103]

---

101 Vgl. mit weiteren Nachweisen K. Sternal/Schmidt InsO, InsO, § 80 Rn. 69 ff.
102 EuGH, Urteil v. 28.7.2016, C-457/15 (Vattenfall).
103 *Hoffmann/Fleckner*/Hoffmann/Fleckner/Budde, TEHG, § 2 Rn. 7.

1. Die Fortgeltung der Emissionsgenehmigung gem. § 4 TEHG in der Insolvenz

Denkbar ist, dass in der Insolvenz des Anlagenbetreibers auch die Emissionsgenehmigung in die Insolvenzmasse fällt, diese mithin verwertet werden könnte.

Die Genehmigung ist wie oben bereits hergeleitet, die allgemeine Befugnis, Emissionen ausstoßen zu dürfen. Die Genehmigung ergeht in Form eines dinglichen Verwaltungsakts erteilt worden, der folglich auf den neuen Betreiber übergeht, soweit der Betreiber der Anlage wechselt.[104] Sie ist folglich anlagenbezogen. Eine Veräußerung der Genehmigung durch Private ist demnach nicht möglich. Der Hoheitsakt kann insoweit nicht durch eine privatrechtliche Vereinbarung ausgetauscht werden. Das Schicksal der Emissionsgenehmigung gem. § 4 InsO ist daher nicht unmittelbar mit Problemen des Insolvenzrechts verbunden. Der Verkauf einer Anlage, die mit einem dinglichen Verwaltungsakt belegt ist hingegen schon. Insoweit stellen sich die allgemeinen Fragestellungen des Insolvenzrechts bezüglich der Veräußerung beweglicher oder unbeweglicher Sachen.

2. Anlagenbetreiberbegriff des TEHG gem. § 3 Nr. 2 TEHG

Der Oberbegriff des Betreibers im Sinne des Emissionshandelsrechts ist in § 3 Nr. 4 TEHG definiert und umfasst sowohl den Betreiber einer Anlage als auch den Luftfahrzeugbetreiber.

Ziel dieser Definition ist die Einführung eines Oberbegriffes, um die Adressaten der Abgabepflicht einheitlich erfassen zu können.[105] Bemerkenswert ist dabei, dass dies in der RL 2003/87/EG in dieser Form nicht vorgesehen war, denn Art. 3 Buchst. f) der Richtlinie sieht vor, dass ein „Betreiber" eine Person ist, die eine Anlage betreibt oder besitzt oder der – sofern in den nationalen Rechtsvorschriftenvorgesehen – die ausschlaggebende wirtschaftliche Verfügungsmacht über den technischen Betrieb einer Anlage übertragen worden ist.[106] Der deutsche Gesetzgeber hat hier wohl lediglich eine Klarstellung vornehmen wollen, hinsichtlich der Gleichbehandlung zwischen Luftverkehr- und Anlagenemissionen.

Der Anlagenbetreiber im Sinne des TEHG ist in § 3 Nr. 2 TEHG definiert. Dabei ist erkennbar, dass der deutsche Gesetzgeber eine Abweichung von der Richtlinie benannt hat. Insoweit ist im TEHG von 2004 das die Verwaltungs- <u>und</u>

---

104 Dazu *Hoffmann*/Hoffmann/Fleckner/Budde, § 4 Rn. 1.
105 BT-Drs. 17/5296, S. 45.
106 Vgl. auch *Fleckner*/Hoffmann/Fleckner/Budde, TEHG, § 3 Rn. 7.

Verfügungsmacht genannt, während der europäische Gesetzgeber in der Richt-linie ein oder wählt. Laut Berliner Kommentar soll dies gewährleisten, dass der Anlagenbetreiber im BImSchG und derjenige im TEHG gleichlaufen.[107] Nun-mehr hat der Gesetzgeber in der aktuellen Fassung die Formulierung „Entschei-dungsgewalt gewählt. Diese Begriffe sind indes gleichlaufend zu verstehen.

a) Verwaltungs- und Verfügungsmacht oder Entscheidungsgewalt

Die Verwaltungs- und Verfügungsmacht oder Entscheidungsgewalt bedeutet dabei gemeinhin, dass man über rechtlich zugewiesene Positionen frei verfügen kann. Mithin die Möglichkeit, eine Rechtsänderung in Form der unmittelbaren Aufhebung, Übertragung, Veränderung oder Belastung herbeizuführen.[108] Die Rechtsbeziehung eines Rechtssubjekts zu einem Rechtsobjekt wird dadurch ver-ändert. Gemäß § 80 Abs. 1 InsO ist dies nunmehr indes die Kernkompetenz des Insolvenzverwalters.

Es ist von jeher fraglich, ob verschiedene Verwaltungseigenschaften in der Insolvenz bei den Gesellschaftern oder den vorher verfügungsbefugten Per-sonen verbleiben. Die Frage ist Gegenstand der Diskussion, wann der für das Insolvenzrecht notwendige Vermögensbezug beginnt. So wird dies teilweise bei im Eigentum der Gesellschaft stehenden Briefen verneint, mit der Folge, dass der Geschäftsführer auch weiterhin über diejenigen Briefe verfügen darf, die keinen Vermögensbezug aufweisen.[109]

Dieser Auseinandersetzung muss hier indes nicht weiter fortgeführt werden, da die Fortführung und damit einhergehende Verwaltung des Insolvenzverwal-ters jedenfalls bei einer Verfügung Vermögensbezug aufweisen wird.

b) Wirtschaftliches Risiko

Das Tragen eines wirtschaftlichen Risikos bedeutet nach dem Wortsinn auch die Möglichkeit, Verluste zu schreiben und dafür finanziell einstehen zu müs-sen. Wirtschaftliches Risiko tragen daher zunächst unmittelbar die Gesellschaft, und nachgelagert die Gläubiger. Das Gesellschaftsvermögen wird nämlich in der Insolvenz nicht schlechthin verschwinden, vielmehr ist es weiterhin existent und der jeweiligen Gesellschaft zugehörig.[110] Der Insolvenzverwalter wird damit

---

107 *Ehrmann*/BerlKommEnR, TEHG § 3 Rn. 5.
108 Mit weiteren Nachweisen *Oechsler*/MüKoBGB, § 929 Rn. 22.
109 *Tintelnot*/Kübler/Prütting/Bork, InsO, § 115 Rn. 5a.
110 *Webel*/Graf-Schlicker, InsO, § 80 Rn. 1.

versuchen, daraus die Insolvenzmasse zu mehren und die jeweiligen Gläubiger zu befriedigen. Gleichsam ist er wiederum nicht derjenige, der für mögliche Gläubigerverbindlichkeiten haftet, soweit er sich nicht so verhalten hat, dass eine Schadensersatzpflicht begründet werden könnte. Daher verbleibt das wirtschaftliche Risiko weiterhin bei der Gesellschaft und letztlich bei den Gläubigern, die ihre Forderungen über die Masse nicht befriedigen können, soweit die Insolvenzmasse nicht hinreichend umfangreich ist.

c) Die Begriffsdefinition des europäischen Emissionshandelsrecht ist nicht mit der Stellung des Insolvenzverwalters in Einklang zu bringen

Im Insolvenzrecht sind die in der Emissionshandelsrichtlinie und ihrer Entsprechung im deutschen Recht, § 3 Nr. 2 TEHG, genannten Voraussetzungen nicht gegeben. Dem Insolvenzrecht ist es insoweit nicht innewohnend, dass der Insolvenzverwalter das wirtschaftliche Risiko an der zu verwaltenden Gesellschaft trägt. Er ist vielmehr derjenige, der das zur Gesellschaft gehörende Vermögen angemessen verwaltet und – wenn nötig – liquidiert. Daher ist die Rechtsnatur des Insolvenzverwalters im Grunde nicht von der in der Richtlinie genannten Definition getragen.

3. Weiterführung des Betriebs gem. § 25 Abs. 3 Satz 2 TEHG

Allerdings hat sich der deutsche Gesetzgeber entschieden, klarstellend, wenngleich von der Definition abweichend zu normieren, dass ein Insolvenzverwalter bei Weiterführung des Betriebs auch Betreiber der Anlage sein soll. Nach § 25 Abs. 3 Satz 2 TEHG ist der Insolvenzverwalter nämlich jedenfalls dann Betreiber einer Anlage, soweit er den Betrieb fortführt.[111]

Es sei angemerkt, dass nach der vorherrschenden Amtswaltertheorie des Insolvenzverwalters bzw. der Zuordnung der Partei kraft Amtes[112] bei der Herleitung der Betreibereigenschaft ohne diese Gesetzesänderung Schwierigkeiten auftreten könnten,[113] wohingegen bei der von *K. Schmidt* begründeten „neuen

---

111 Kritisch dazu, allerdings zum TEHG 2004, und mit weitgehend technischer Argumentation hinsichtlich der Brennwerte und Emissionsdaten im Emissionsbericht: *Vierhaus*/Körner/Vierhaus, § 3 Rn. 35.

112 Lüke/Kübler/Prütting/Bork, § 80 Rn. 37 f.; *Vuia*/MüKoInsO, § 80 Rn. 35; *Sternal*/K. Schmidt, § 80 Rn. 18, 37; *Windel*/Jaeger InsO, § 80 Rn. 15.

113 Dazu eingehend: *Köhn*, ZIP 2006, 2015, 2017.

Vertretertheorie"[114] die Herleitung einfacher zu begründen ist, da der Insolvenzverwalter dann die jeweiligen Pflichten für den Insolvenzschuldner als Vertreter wahrnehmen würde. Dieser ausufernde Theorienstreit kann jedoch dahingestellt bleiben, da dieser für den maßgeblichen Gesetzeswortlaut keine besondere Bedeutung aufweist.[115] Freilich ist durch die Gesetzesänderung eine Klärung des Gesetzgebers herbeigeführt worden, die in Anbetracht des dadurch gewährleisteten Rechtsfriedens zu begrüßen ist.

4. Benennung der Personen in § 25 Abs. 3 Satz 3 TEHG

Das Erfordernis der Mitteilung der jeweiligen Personen, die Verfügungen vornehmen können verbleibt wesensfremd, da insoweit im Insolvenzrecht kein entsprechendes Bedürfnis besteht. Der jeweilige Insolvenzverwalter wird die entsprechenden Verfügungen vornehmen können und die durch Dritte vorgenommenen Verfügungen können nicht durch die einfachgesetzlichen Änderungen im Rahmen des Emissionshandelsrechts verändert werden.

5. Zwischenergebnis: Gesetzgeberische Klarstellung führt zu einer dem Insolvenzrecht wesensfremden Eigenschaft des Insolvenzverwalters

Freilich ist sie aus den oben genannten Gründen, dem Insolvenzrecht wesensfremd. Soweit sich der Gesetzgeber aber für eine übergeordnete Position entschieden hat, um den Emissionshandelsablauf zu gewährleisten, ist dies hinzunehmen. Die Relativität der Rechtsbegriffe lässt auch innerhalb eines Gesetzes unterschiedliche Auslegungen zu. Man könnte hier möglicherweise noch statuieren, dass der Insolvenzverwalter ein Betreiber der Anlage eigener Art ist. Dies wäre insoweit nur eine Rechtsvereinheitlichung, die klarstellende Wirkung hätte. Die Folgefrage, inwieweit sich dadurch Pflichten für den jeweiligen Insolvenzverwalter ergeben, insbesondere bezüglich der Kardinalpflicht im § 7 TEHG, namentlich die Abgabepflicht, ist damit allerdings noch nicht beantwortet und wird in der Folge beleuchtet werden.

---

114 *Sternal*/K. Schmidt InsO, § 80 Rn. 18.
115 Dazu ausführlich: *Vuia*/MüKo InsO, § 80 Rn. 20 ff.

II. Der vorläufige Insolvenzverwalter als Anlagenbetreiber im Emissionshandelsrecht

Die sich den vorgenannten Ausführungen anschließende Frage ist, ob sich Änderungen bezüglich der Betreiberstellung des Insolvenzverwalters ergeben, falls der bestellte Insolvenzverwalter lediglich ein vorläufiger ist.

1. Vorläufiger schwacher Insolvenzverwalter

Der schwache Insolvenzverwalter kann den Betrieb nicht nach eigener Entscheidung fortführen. Der Schuldner bleibt insoweit gem. § 22 Abs. 2 verwaltungs- und verfügungsbefugt und das Insolvenzgericht bestimmt über die Pflichten des vorläufigen Insolvenzverwalters.[116] Bei einer Fortführung des Betriebs ist somit weiterhin der Schuldner der Betreiber der Anlage. Ein anderes Ergebnis wird hier auch nicht durch § 25 Abs. 3 Satz 2 TEHG zu begründen sein. Die dortige Betreibereigenschaft ist dahingehend zu verstehen, dass Unklarheiten im Zuge des Insolvenzverfahrens ausweislich der Gesetzesbegründung ausgeräumt werden sollten.[117] Der Fall desjenigen Insolvenzverwalters, der lediglich vorläufig berufen worden ist, ist daher schon ausweislich der Begründung des Gesetzgebers nicht erfasst worden. Auch der Sinn und Zweck der Vorschrift lässt nur diejenigen Insolvenzverwalter als Betreiber ansehen, die sich in der Art und Weise die Möglichkeit der Entscheidungsgewalt über die Anlage haben, dass diese vollständig ist. Der vorläufige schwache Insolvenzverwalter kann seine Befugnis indes nur mithilfe des Insolvenzgerichts ausüben. Daher müsste man bei Annahme der Betreibereigenschaft auch davon ausgehen, dass das Insolvenzgericht auch Betreiber der jeweiligen Anlage ist. Eine derart ausufernde Auslegung kann nicht gewollt sein, da das Gericht lediglich eine Kontrollfunktion einnehmen soll.[118]

2. Vorläufiger starker Insolvenzverwalter

Der sog. starke vorläufige Insolvenzverwalter[119] ist gem. § 22 Abs. 1 Satz 1 InsO verwaltungs- und verfügungsbefugt. Er hat außerdem gem. § 22 Abs. 1 Satz 2 Nr. 1 InsO das Vermögen zu sichern und zu erhalten. Eine Pflicht dieses

---

116 Zum Ganzen *Leithaus*/Andres/Leithaus InsO, § 22 Rn. 10.
117 BT-Drs. 19/4727, S. 46.
118 *Mönning*/Nerlich/Römermann, InsO, § 22 Rn. 209 ff.
119 Überblick zum starken vorläufigen Insolvenzverwalter: *Möning*/Nerlich/Römermann, § 22 InsO Rn. 22 ff.

vorläufigen Insolvenzverwalters ist diejenige, ein Unternehmen des Schuldners gem. § 22 Abs. 1 Satz 2 Nr. 2 InsO fortzuführen. Sollte er dies nicht für zweckmäßig erachten, ist eine Einstellung des Betriebs nur mit Zustimmung des Insolvenzgerichts zulässig. Beim starken vorläufigen Insolvenzverwalter ergeben sich folglich keine Unterschiede hinsichtlich der Betreiberstellung im Vergleich zum hauptamtlichen Insolvenzverwalter. Ersterer ist schon definitionsgemäß im Sinne des § 25 Abs. 3 Satz 2 TEHG entscheidungsbefugt und aufgrund der bereits herausgehobenen Position im Insolvenzverfahren auch als Betreiber der Anlage anzusehen.

3. Problematik der Pflicht zur Betriebsfortführung gem. § 22 Abs. 1 Satz 2 Nr. 2 InsO

Ein mit dem Emissionshandelsrecht in Konflikt tretendes Ergebnis könnte sich daraus ergeben, dass in § 22 Abs. 1 Satz 2 Nr. 2 InsO eine Pflicht zur Weiterführung des Betriebes handelt. Der Insolvenzverwalter wird daher ohne eigenen Ermessensspielraum zum Betreiber einer Anlage. An dieser Stelle ergeben sich daraus noch keine diskussionswürdigen Punkte, da dieses Ergebnis wohl auch vom Gesetzgeber bevorzugt sein dürfte, wenn man den § 25 Abs. 3 Satz 2 TEHG weit auslegen wollte. In der Folge wird indes noch weiter herausgearbeitet, inwieweit dies Auswirkungen auf die Abgabepflicht im Emissionshandel haben könnte und insoweit eine Einschränkung nötig ist.

III. Die Betreiberstellung in der Eigenverwaltung

Das Insolvenzgericht kann nach § 270 Abs. 1 Satz 1 InsO anordnen, dass der Schuldner berechtigt ist, unter der Aufsicht eines Sachwalters die Insolvenzmasse zu verwalten und über sie zu verfügen.[120] Der Schuldner selbst übt die Funktion des Insolvenzverwalters aus. Auch die Eigenverwaltung ist ein Insolvenzverfahren, bei dem eine Abgrenzung von Insolvenzforderungen und Masseverbindlichkeiten erforderlich ist.[121] Maßgebliche Kontrollorgane sind der Sachwalter und der Gläubigerausschuss. Regelmäßig ist ein sogenannter Insolvenzplan zu erstellen.[122] Der für die Eigenverwaltung notwendige Sachwalter hat gem. § 274 Abs. 2 InsO die wirtschaftliche Lage zu prüfen und hinsichtlich der Gesellschaft die Geschäftsführung zu überwachen. Sinn und Zweck dessen ist

---

120 Überblick zur Eigenverwaltung bei *Graf-Schlicker*/Graf-Schlicker, InsO, § 270 Rn. 1.
121 *Undritz*/K. Schmidt InsO, InsO, § 270 Rn. 2.
122 Vgl. *Zipperer*/Uhlenbruck, InsO, § 284 Rn. 1 f.

die Überwachung der Gläubigerinteressen an einer möglichst umfangreichen Befriedigung.[123]

Aus dieser im Vergleich zum Insolvenzverwalter niedrigeren Stellung, die keine eigenen Entscheidungs- und Verfügungskompetenzen begründen, ergibt sich hinsichtlich der Definition des Anlagenbetreibers schon die fehlende Möglichkeit, auf die Anlagentätigkeit einzuwirken, sodass der Sachwalter nicht Betreiber der Anlage im Sinne des TEHG sein kann. Folglich ergibt sich keine Änderung der Betreiberstellung zum jeweiligen Zustand außerhalb des Insolvenzverfahrens.

---

123 *Kern*/MüKoInsO, § 274 Rn. 1 ff.

D. Insolvenzmassezugehörigkeit der Emissionsberechtigungen in der Insolvenz des Anlagenbetreibers

Eine für die Gläubigerbefriedigung relevante Frage ist die grundsätzliche Zuordnung der Emissionsberechtigungen zur Insolvenzmasse aufgrund eines Vermögenswerts gem. §§ 35, 45 InsO mit der sodann möglichen Verwertung durch den Insolvenzverwalter gem. § 159 InsO. Die Insolvenzmasse umfasst gem. § 35 Abs. 1 InsO das gesamte Vermögen, das dem Schuldner zur Zeit der Eröffnung des Verfahrens gehört und das er während des Verfahrens erlangt. Diese Legaldefinition wird als die sogenannte „Sollmasse" bezeichnet, die erst durch Verwertung des Insolvenzverwalters in Vermögensgüter umgesetzt wird.[124] Die durch Verwertung entstandene „Istmasse" umfasst dabei die Vermögenswerte, die der Insolvenzverwalter tatsächlich für die Insolvenzmasse in Anspruch nimmt.[125] Der Massebegriff des § 35 InsO ist insoweit „dynamisch", da die Insolvenzmasse der dauerhaften Veränderung zugänglich ist.[126] Maßgeblicher Zeitpunkt ist dabei die Eröffnung des Verfahrens, sodass die einmalige Zuordnung zur Insolvenzmasse dazu führt, dass eine nachträgliche Ausscheidung nach vorherrschender Ansicht beispielsweise durch die mögliche Anwendung von § 36 Abs. 1 InsO nicht möglich ist.[127] Auch Rechte werden grundsätzlich Bestandteil der Insolvenzmasse, soweit es sich um Vermögensrechte handelt, die der Zwangsvollstreckung unterliegen und diese dem Schuldner rechtlich zustehen bzw. zugewiesen sind.[128]

Folglich ist der materielle Vermögenswert der Emissionsberechtigungen festzustellen und zu prüfen, ob dieser Gegenstand der Zwangsvollstreckung sein kann.

---

124 *Peters*/MüKo InsO, § 35 Rn. 19.
125 *Holzer*/Kübler/Prütting/Bork, § 35 Rn. 16.
126 *Hirte*/Uhlenbruck, 14. Aufl., § 35 Rn. 12
127 *Holzer*/Kübler/Prütting/Bork InsO, § 35 Rn. 18 mit weiteren Nachweisen; a.A. *Bäuerle*/*Braun*, § 35 Rn. 6.
128 *Peters*/MüKo InsO, § 35 Rn. 16.

I. Begriff der Emissionsberechtigung

Eine zentrale Frage des Emissionshandelsrechts betrifft die Rechtsnatur der
Emissionszertifikate im deutschen Recht und die rechtliche Einordnung der
Übertragung auf andere Rechtsträger.

1. Begriffsbestimmung gemäß der Emissionshandelsrichtlinie und des TEHG

Die Emissionshandelsrichtlinie verwendet in der deutschen Übersetzung des
Art. 3 a) Richtlinie 2003/87/EG die Bezeichnung *Zertifikat*, während der deutsche
Gesetzgeber sich in § 3 Nr. 3 TEHG für den Begriff *Berechtigung* entschieden hat.

In den jeweiligen Übersetzungen zur RL 2003/87/EG finden sich bei der eng-
lischen und französischen Übersetzung, die Begriffe *Allowance* bzw. *Quota*, was
dem deutschen Wort Berechtigung nahekommt. Vermutlich hat dies den deutschen Gesetzgeber in der Folge dazu bewogen, auch diese Begriffsbestimmung
zu verwenden. In der Gesetzesbegründung zum TEHG 2004 findet sich jedoch
kein Hinweis zur Begriffsfindung, der in Art. 3 a) RL 2003/87/EG bezeichneten
Wirkung. Dennoch wird weiterhin auch im deutschen Rechtsraum vielfach über
Emissionszertifikate geschrieben, wenn eigentlich die Emissionsberechtigung
des TEHG gemeint ist.

2. Harmonisierung des Begriffs im Europäischen Emissionshandelsrecht

Was die weitere Harmonisierung des Emissionshandelsrechts in den Mitgliedstaaten angeht, ist nicht von einer Vollharmonisierung der Rechtsnatur und
damit einhergehend einer gleichlaufenden Bezeichnung des Wortlauts in den
Mitgliedstaaten auszugehen. In einem Sondergutachten vom Europäischen
Rechnungshof wurde noch dafür plädiert, dass eine Harmonisierung der Definition zu einer Sicherheit und Liquidität des Binnenmarktes beitragen würde.[129]

Wenngleich dies ohne Frage eher eine Stabilisierung der Finanzmärkte zum
Ziel gehabt hätte, würden weitere Schlussfolgerungen und europäische Regelungen hinsichtlich der Rechtsnatur nicht ohne Folge für die Einordnung derselben
innerhalb des deutschen Rechtsrahmens bleiben können.

Ein neueres Gutachten spricht sich indes gegen eine Harmonisierung aus,
weil insgesamt kein Mehrwert hinsichtlich einer Vollharmonisierung feststellbar

---

129 Sonderbericht zur Integrität und Umsetzung des EU-EHS, S. 47 ff.

sei; die einzelnen Mitgliedstaaten weisen bereits Unterschiede in ihrem nationalen Recht auf, sodass sich auch bei einer unionsweiten, einheitlichen Definition noch eine weitergehende Einordnung auf Ebene der Mitgliedstaaten in die jeweiligen Rechtsordnungen durchgeführt werden müsse.[130]

Folglich ist das Emissionszertifikat ein völkerrechtlich begründeter und unionsweit geprägter Begriff, während die Emissionsberechtigung terminologisch im deutschen Recht eine andere Ausprägung gefunden hat, die jedoch aufgrund derselben inhaltlichen rechtlichen Wirkung gleichlaufend ist mit derjenigen des Zertifikates, welches auch eine Tonne CO_2-Ausstoß legitimiert.

Aufgrund des Anwendungsvorrangs im Europarecht hätte eine andere Wirkung der Zertifikate ohnehin keine Bedeutung, da die Wirkung unabhängig von der terminologischen Bezeichnung anhand der europarechtlichen Norm zu messen wäre. Die Zertifikate sind dabei die Gesamtheit aller Emissionszertifikate, bestehend aus Berechtigungen gemäß dem nationalen Recht und den sog. Kyoto-Gutschriften.[131]

3. Rechtliche Wirkung der Emissionsberechtigung

Die rechtliche Wirkung der Emissionsberechtigung ist laut § 3 Nr. 3 TEHG:

> *„die Befugnis zur Emission von einer Tonne Kohlendioxidäquivalent in einem bestimmten Zeitraum; eine Tonne Kohlendioxidäquivalent ist eine Tonne Kohlendioxid oder die Menge eines anderen Treibhausgases, die in ihrem Potenzial zur Erwärmung der Atmosphäre einer Tonne Kohlendioxid entspricht"*

Zur Klarstellung sei schon hier genannt, dass die Emissionsberechtigung nicht die Befugnis darstellt, eine Anlage an sich zu betreiben und folglich Treibhausgase zu emittieren. Insoweit bedarf es gem. § 4 TEHG der Genehmigung der Anlage, welche gleichlaufend mit der Genehmigung einer Anlage nach Immissionsschutzrecht erteilt wird.[132]

Teilweise wird die Genehmigung nach § 4 TEHG durch *Pardon* genauer als die notwendige und nicht als eine hinreichende Bedingung der Inbetriebnahme der Anlage bezeichnet.[133] Für die Zwecke dieser Arbeit kann die genaue Wirkung

---

130 Zum Ganzen: Europäische Kommission, Legal Nature of EU Allowances (final report), 2019, S. 186.
131 Vgl. zum Umtausch von Kyoto-Gutschriften in Emissionsberechtigungen: *Ehrmann/* Berliner Kommentar, § 18 TEHG Rn. 1 ff.
132 Vgl. dazu insb. *Frenz/Theuer*/Frenz, § 3 Rn. 8; *Rebentisch*, NVwZ 2006, 747, 752.
133 Zum Ganzen Pardon, S. 65.

zunächst offenbleiben,[134] da zumindest beides zusammenfallen muss, um den CO_2-Ausstoß zu legitimieren. Gleichwohl kann festgestellt werden, dass vom Wortsinn eine allgemeine Genehmigung der Berechtigung in zeitlicher Hinsicht vorangeht, sodass die notwendige Bedingung zunächst in der Genehmigung im Sinne von § 4 TEHG gegeben ist, wenn nicht sogar begründende Voraussetzung ist, um am öffentlich-rechtlichen Legitimationsverhältnis zwischen Staat und Anlagenbetreiber als Grundpfeiler des Emissionshandels teilzunehmen. Mithin tritt die oben genannte Wirkung der Legitimierung des Treibhausgasausstoßes nach § 3 Nr. 3 TEHG nur ein, wenn auch eine Anlagengenehmigung erteilt worden ist.

4. Emissionsberechtigung ist die vorzugswürdige Bezeichnung des Emissionszertifikats im deutschen Recht

Vielfach wird der Begriff Emissionszertifikat in der deutschen rechtswissenschaftlichen Literatur und Rechtsprechung für die in § 3 Nr. 3 TEHG genannte Wirkung der Legitimierung verwendet. *Emissionsberechtigung* ist im deutschen Emissionshandelsrecht indes die insgesamt vorzugswürdige Bezeichnung für das Emissionszertifikat im Sinne des europäischen Emissionshandels, zumal der deutsche Gesetzgeber diese Terminologie in das TEHG eingeführt hat.

Daher wird diese Bezeichnung in dieser Arbeit verwendet, solange von CO_2-Emissionszertifikaten aus dem deutschen Rechtsraum gesprochen wird.

II. Rechtsnatur der Emissionsberechtigungen

Sehr umstritten und weiterhin nicht abschließend geklärt ist die Rechtsnatur der Emissionsberechtigung, zumal sich über die oben genannte Begriffsbestimmung[135] noch keine eindeutige Aussage hinsichtlich des rechtlichen Zuweisungsgehalts tätigen lässt. Eine Einordnung bezüglich der Rechtsnatur ist schon hier geboten, um die Erkenntnisse beispielsweise bei der Frage der Massezugehörigkeit der Emissionsberechtigungen im Insolvenzverfahren nutzbar zu machen.

---

134 Zur Klärung siehe unten unter „Öffentlich-rechtliche Rechtsnatur".
135 Siehe unter „Wirkung der Berechtigung".

1. Emissionsberechtigungen als (nunmehr) andere Finanzinstrumente aufgrund von MiFID II

Ursprünglich war in § 7 Abs. 5 TEHG die Regelung vorgesehen, dass Berechtigungen keine Finanzinstrumente im Sinne des § 1 Abs. 11 KWG oder des § 2 Abs. 2b WpHG sind.

Diese Norm wurde allerdings durch Art. 17 des Zweiten Finanzmarktnovellierungsgesetzes[136] mit Wirkung vom 3.1.2018 aufgehoben, welches aufgrund der RL 2014/65/EU (MiFID II)[137] erlassen worden ist. Alleiniger Zweck ist die Vorbeugung gegen in der Vergangenheit vorgekommener Missbrauchsfälle und somit der Schutz und die Funktionsfähigkeit des Marktes.[138]

Durch die Einordnung als Finanzinstrument bedarf der Handel (nicht der Verkauf unter Beteiligten des Emissionshandelssystems gem. § 32 Abs. 1a Satz 3 Nr. 2 KWG) einer Genehmigung gem. § 32 KWG. Ausgenommen von der Genehmigungspflicht sind gem. § 32 Abs. 1a Satz 3 Nr. 2 KWG andere Handeltreibende, die nicht Anlagenbetreiber sind, soweit sie ein Eigengeschäft betreiben. Folglich können beispielsweise auch natürliche oder juristische Personen in der Absicht, Emissionsberechtigungen dem Emissionshandelsmarkt vorzuenthalten, weiterhin im Eigengeschäft Emissionsberechtigungen ankaufen und veräußern. Dieser Regelung kann daher der Zweck entnommen werden, dass der Emissionshandel durch Finanzmarktregulierungen nicht beeinträchtigt werden soll.

Insgesamt können allerdings über die Einordnung der Emissionsberechtigung als Finanzinstrument noch keine unmittelbaren Rückschlüsse zur Rechtsnatur gezogen werden, da die Vorschrift im engeren Sinne eine Schutznorm des Kapitalmarkts ist.[139]

---

136 Zweites Gesetz zur Novellierung von Finanzmarktvorschriften (2. FiMaNoG) aufgrund europäischer Rechtsakte v. 23.6.2017, BGBl. I 2017, S. 1693.

137 RL 2014/65/EU des Europäischen Parlaments und des Rates v. 15.5.2014 über Märkte für Finanzinstrumente sowie zur Änderung der Richtlinie 2002/92/EG und 2011/61/EU (Markets in Financial Instruments Directive – MIFID), ABl. 2014 L 173/349.

138 Vgl. *Ehrmann*/Berliner Kommentar, § 7 TEHG Rn. 22.

139 So auch *Ehrmann*/Berliner Kommentar, § 7 TEHG Rn. 22 ff.; Europäische Kommission, Legal Nature of Emission Allowances (final report), S. 136.

2. Meinungsstand hinsichtlich der Rechtsnatur der Emissionsberechtigungen

Das Meinungsspektrum bezüglich der Rechtszuweisung von Emissionsberechtigungen ist breit gefächert. Es wird einerseits die Meinung vertreten, dass Emissionsberechtigungen zivilrechtlicher Rechtsnatur seien.[140] Eine Auffassung ordnet die Emissionsberechtigungen demgegenüber, indes mit unterschiedlichen Begründungsansätzen, dem öffentlichen Recht zu, namentlich als subjektiv-öffentliches Recht.[141] Dagegen wird eingewandt, dass eine Zuweisung allein zum öffentlichen oder privaten Recht aufgrund der Handelbarkeit nicht möglich sei und daher von einer „hybride[n] Rechtsnatur" auszugehen ist.[142]

Aufgrund der unterschiedlichen Zuweisungsansätze ist eine Auseinandersetzung mit den verschiedenen Auffassungen erforderlich.

a) Privatrechtliche Rechtsnatur der Emissionsberechtigungen

Das Hauptargument der Verfechter der Ansicht, dass es sich um ein dem Privatrecht zuzuordnendes Nutzungsrecht handle, ist die Handelbarkeit der Emissionsberechtigungen gem. § 7 Abs. 3 TEHG.[143]

Im Wege einer Gesamtbetrachtung sei diese insoweit als das Grundelement des Emissionshandels anzusehen, was eine privatnützige Zweckbestimmung zur Folge habe.[144]

Allerdings führe auch schon die Nutzung der Luft, als dem verfassungsrechtlich geschützten Anlageneigentum im Sinne von § 903 BGB i.V.m. Art. 14 GG zugehörig, zu einer privatrechtlichen Ausgestaltung der Emissionsberechtigung,

---

140 Leidinger/Elspas/Salje/Stewing, Kap. 26 Rn. 25; Breuer, S. 61; Ehricke, WM 2008, 1333, 1336 mit weiteren Nachweisen; St. Wagner, JZ 2007, 971; Burgi, RDE 2004, 29, 31.

141 Fleckner/Hoffmann/Fleckner/Budde, § 3 Rn. 6; Weinreich/Landmann/Rohmer UmweltR, § 7 TEHG Rn. 4; Vierhaus/Körner/Vierhaus/Vierhaus, § 3 Rn. 10; Schweer/ von Hammerstein, § 6 Rn. 11; Pardon, S. 67 ff. Nawrath, S. 54; Bauer, S. 17 ff.; Wertenbruch, ZIP 2005, 516, 517; Holzborn/Israel, et 2005, 740, 743 f.; Kobes, NVwZ 2004, 1153, 1156.

142 Wagner, ZBB 2003, 409, 412; wohl auch Frenz/Theuer/Frenz, § 3 Rn. 10 bei bloßer Abstellung auf die Handelbarkeit.

143 Ausführlich dazu Leidinger/Elspas/Salje/Stewing, Kap. 26, Rn. 13 ff.; praktische Einordnung bei Maslaton, Handkommentar TEHG § 15 Rn. 10; mit weitergehenden Bezügen zu Art. 14 GG auch Burgi, RDE 2004, 29, 34.

144 Statt vieler Leidinger/Elspas/Salje/Stewing, Kap. 26, Rn. 25; Breuer, S. 60 mit weiteren Nachweisen.

so wie sie im TEHG vorgesehen ist.[145] Es wird daher ein lediglich konzessions-ähnliches Nutzungsrecht in der einzelnen Emissionsberechtigung gesehen.[146] Ferner wird ausgeführt, dass die öffentlich-rechtliche Zuteilung noch keine unmittelbare Aussage über die Rechtsnatur treffe, da schon § 16 TEHG[147] eine Loslösung von der öffentlichen Hand normiere, weil die Emissionsberechtigungen auch in anderen Mitgliedstaaten der EU Gültigkeit besäßen. Folglich sei die einzelne Emissionsberechtigung ein privatrechtliches Nutzungsrecht in Form eines Wertpapiers.[148]

In die gleiche Richtung geht auch das Argument, dass es sich aufgrund der Handelbarkeit um ein vermögenswertes Recht handle und daher eine privat-rechtliche Zuordnung vorzugswürdiger sei.[149] Zusätzlich zum Vermögenswert wird weiterhin darauf hingewiesen, dass die aus einem öffentlich-rechtlichen Rechtsverhältnis erwachsenen Pflichten nicht disponibel seien, sodass die Emissionsberechtigung kein subjektiv-öffentliches Recht sein könne.[150]

Außerdem wird durch Anhänger dieser Ansicht vertreten, dass eine öffentlich-rechtliche Zuteilung nicht zwingend zur Folge haben müsse, dass es sich um einen öffentlich-rechtlichen Zuteilungsgegenstand handele – dies zeige schon der Vergleich zu den Bergbaubewilligungen nach § 8 BBergG.[151] Demnach könne man aus den im Gesetz vorhandenen Verweis auf die Vorschriften des bürgerlichen Rechts einen Hinweis auf die Rechtsnatur ziehen: Bergbauberechtigungen nach § 8 BBergG würden zwar auch öffentlich-rechtlich zugeteilt, wenngleich auf das Recht aus der Bewilligung gem. § 8 Abs. 2 BBergG die Vorschriften des bürgerlichen Rechts entsprechend anzuwenden sind.[152] Teilweise werden auch Vergleiche zu sog. Reststrommengen im Rahmen des Atomgesetzes bemüht, die auch übertragen werden konnten und deren Rechtsnatur sowie Übertragungstatbestand nach überwiegender Auffassung zivilrechtlich einzuordnen sind.[153]

---

145 *Leidinger*/Elspas/Salje/Stewing, Kap. 26, Rn. 22.
146 Dazu *Breuer*, S. 60 m. w. N.
147 Früherer § 13 TEHG 2004.
148 *Ehricke*, WM 2008, 1333, 1336.
149 So insb. *Marburger*, FS Canaris, 1421, 1426 f.
150 *Maslaton*, § 15 Rn. 10.
151 *Ehricke/Köhn*, WM 2004, 1903, 1906.
152 *Ehricke/Köhn*, WM 2004, 1903, 1906.
153 Siehe dazu insb. *Wagner*, ZBB 2003, 409, 411 mit weiteren Nachweisen.

b) Öffentlich-rechtliche Rechtsnatur der Emissionsberechtigungen

Für die Einordnung als öffentlich-rechtliches Rechtsinstitut sollen hingegen insbesondere die Zuteilung der Emissionsberechtigungen und die daran anknüpfende Nutzbarmachung der Berechtigungen in Form der Legitimierung des Treibhausgasausstoßes in Erfüllung einer öffentlich-rechtlichen Pflicht sprechen.[154]

Innerhalb dieser Ansicht wird hervorgehoben, dass ein Vermögenswert noch nicht zwingend bedeute, dass es sich um ein dem Privatrecht zugehörendes Nutzungsrecht handele.[155]

So bestehe „die Gefahr, Rechtsnatur und Reichweite der Befugnis zu verwechseln",[156] wenn vom Wert am Markt auf die Übertragbarkeit geschlossen werde. Darüber hinaus seien Personenbeförderungsberechtigungen im Sinne des Personenbeförderungsgesetzes gem. § 2 Abs. 2 Nr. 3 und III PBefG frei handelbar und diese seien ohne Zweifel dem öffentlichen Recht zuzuordnen.[157]

Des Weiteren sei die Gefahr ersichtlich, dass bei einer Zuordnung zum Zivilrecht der Numerus Clausus des Sachenrechts unterlaufen werde, wenn eine Berechtigung zunächst einer Industrieanlage im Ganzen zugeordnet werden könne und in der Folge dieser wieder entzogen werden dürfe, in Form der einfachen (einseitigen) Löschung der Berechtigung.[158]

Gegen die vorgebrachte Ähnlichkeit zu Restrommengen wird ausgeführt, dass sich der Vergleich insgesamt verbiete.[159] So sei die zivilrechtliche Zuordnung der Reststrommengen an sich schon heftig umstritten, außerdem sei die Vergleichbarkeit im Wesenskern der verschiedenen Berechtigungen nicht gegeben. *Schweer/v. Hammerstein* führen insoweit aus, dass bei der Emission die Luft als öffentliches Gut genutzt werden, während bei der Stromproduktion der Vermögenswert die Anlage ist, welche den Strom produziert (hat).[160]

---

154 Vgl. statt vieler *Vierhaus*/Körner/Vierhaus, § 3 Rn. 10; *Weinreich*/Landmann Rohmer Umweltrecht, § 7 TEHG Rn. 4; *Schweer/v. Hammerstein*, § 6 Rn. 11; *Frenz*/Frenz, § 7 Rn. 45; *Wertenbruch*, ZIP 2005, 516, 517.
155 So Pardon, S. 69.
156 *Martini*, Der Markt als Instrument hoheitlicher Verteilungslenkung: Möglichkeiten und Grenzen einer marktgesteuerten staatlichen Verwaltung des Mangels, S. 792.
157 *Schweer/v. Hammerstein*, § 6 Rn. 14.
158 *Schweer/v. Hammerstein*, § 6 Rn. 12.
159 *Schweer/v. Hammerstein*, § 6 Rn. 12.
160 Ausführlicher *Schweer/v. Hammerstein*, § 6 Rn. 12.

Der möglichen Vergleichbarkeit zu Bergbauberechtigungen wird entgegengehalten, dass die in Rede stehenden bergrechtlichen Streitigkeiten einen Ausgleich der streitenden Parteien untereinander zum Gegenstand haben und im Gegensatz dazu das Emissionshandelsrecht dem Gesamtschutz der Treibhausgaskonzentration in der Atmosphäre diene.[161]

Es verbiete sich daher auch hier ein Vergleich, da das TEHG insgesamt keinen drittschützenden Charakter aufweise und für störende Immissionen, die der Luft zugeführt werden, der spezielle Abwehranspruch aus § 5 Abs. 1 Satz 3 BImSchG einschlägig sei.[162]

Es werden allerdings auch innerhalb der Ansicht, dass es sich um subjektiv-öffentliche Rechte handeln soll, Überschneidungspunkte zu anderen bereits bestehenden Rechtsinstituten gesucht.

So wird ein Vergleich zu den sogenannten Milchquoten[163] angestellt, die laut BGH[164] dem öffentlichen Recht zuzuordnen sind.[165]

Es sei auch diesen Berechtigungen immanent, dass sie handelbar sind, was den Gleichlauf mit den Emissionsberechtigungen rechtfertige.

Dagegen wird allerdings schon an anderer Stelle eingewandt, dass bedeutende Unterschiede, insbesondere aufgrund der Ausgestaltung des offenen Handelssystems und der stetigen Verknappung der Emissionsberechtigungen bestehen, was in dieser Form bei den Milchreferenzmengen nicht der Fall sei. Das Handelssystem der Milchreferenzmengen basierte nämlich auf einem sog. Gleichgewichtspreis, der über den Quotienten von Angebots- und Nachfragepreis gebildet worden ist.[166] Folglich sei dieser Vergleich nicht statthaft, um die Einordnung zu einem subjektiv-öffentlichem Recht zu begründen.

---

161 Ausführlich bei *Pardon*, S. 74 f.
162 *Pardon*, S. 75.
163 Verordnung zur Durchführung der Zusatzabgabenregelung (Zusatzabgabenverordnung – ZAVO) vom 12.1.2000, BGBl I, 27; vgl. auch Verordnung (EG) Nr. 1256/1999 des Rates vom 17.5.1999 zur Änderung der Verordnung (EWG) Nr. 3950/1992 über die Erhebung einer Zusatzabgabe im Milchsektor, ABl. L 160/73.
164 BGHZ 114, 277, 280.
165 *Vierhaus*/Körner/Vierhaus, § 3 Rn. 10; vgl. dazu auch *Wagner*, ZBB 2003, 409, 411 f.
166 Sehr ausführlich und instruktiv dazu *Büttner*, Zivilrechtliche Aspekte des Handels mit Emissionsberechtigungen, S. 39 ff.

c) Hybride Rechtsnatur der Emissionsberechtigungen

Nach alledem kann noch eine Meinung herausgearbeitet werden, die sich nicht in die streng aufgeteilten Lager einordnen lässt. So sieht *Wagner* die Emissionsberechtigungen nämlich als eine öffentlich-rechtliche Befugnis an, wenngleich „zugleich ein privates Vermögensrecht" vorliege und daher eine hybride Rechtsnatur zu befürworten sei.[167]

Dieser Meinung sind wohl auch die durch *Frenz/Theuer* angebrachten Zweifel[168] zuzuordnen, wenngleich die Ansicht nicht ausdrücklich so benannt wird.

Dennoch ist erkennbar, dass auf die Differenzierung zwischen bloßer Handelbarkeit und Verhältnis zur Behörde abgestellt wird, indem festgestellt wird, dass eine genuine Befugnis zum Emittieren einer Tonne CO_2 gegenüber dem Staat nicht gegeben sei, sofern man lediglich als Handelsteilnehmer am Emissionshandelsmarkt tätig sei.

Folglich seien insoweit Zweifel hinsichtlich einer öffentlich-rechtlichen Einordnung bei den bloßen Handelsteilnehmern untereinander angebracht.[169] Im Ergebnis sei eine hybride Rechtsnatur vorzugswürdig, um den Besonderheiten der Emissionsberechtigungen gerecht zu werden.[170]

3. Stellungnahme

a) Die Luft als dem Anlageneigentum zugehörig

Gegen die Nutzungsbefugnis der Luft als privatrechtliche Ausprägung spricht insbesondere die Struktur des Emissionshandels, namentlich die Nutzungsbeschränkung der Luft in Form der Abgabepflicht durch Emissionsberechtigungen. Man kann nämlich gleichsam konstatieren, dass allein aus der Befugnis des Gesetzgebers, die Emissionsmöglichkeiten zu beschränken, die Begründung erwächst, dass die „Luft" nicht dem Anlageneigentum im Sinne von Art. 14 GG i.V.m. § 903 BGB zugeordnet werden kann. Die Beschränkung durch den Gesetzgeber ist folglich Ausdruck der Möglichkeit, die Luftnutzung zu beschränken.

Außerdem sprechen die Entscheidungsgründe des Bundesverwaltungsgerichts gegen diese Auffassung.[171] Darin wird ausgeführt, dass das Emissionshandelssystem mit dem Eigentumsgrundrecht aus Art. 14 GG zu vereinbaren ist.

---

167 *Wagner*, ZBB 2003, 409, 411.
168 *Frenz/Theuer*/Frenz, § 3 Rn. 10.
169 Zum Ganzen: *Frenz/Theuer*/Frenz, § 3 Rn. 10.
170 So im Ergebnis *Ates*, S. 103.
171 BVerwG, Urteil vom 30.6.2005 – 7 C 26/04, NVwZ 2005, 1178.

Bisweilen verstärkt sich der Eindruck, dass der Ansicht einer rein privat-rechtlichen Nutzungsdenkweise der Luft das Motiv beikommt, den gesamten Emissionshandel in Frage zu stellen und dies in der Ansicht kulminiert, dass jedwede mit Kosten verbundene Ausgabe der Emissionsberechtigungen abzu-lehnen sei.[172]

b) Vergleichbarkeit zu anderen Rechtsinstituten

Zu etwaigen Vergleichbarkeitserwägungen mit anderen Rechtsinstituten ist festzustellen, dass weder Restrommengen[173] noch Bundesbergberechtigungen (Bewilligungen)[174] oder die sog. Milchquoten[175] dem gleichen Regelungsrah-men wie Emissionsberechtigungen zuzuordnen sind, da sich ihre Rechtsgrund-lagen und Wirkungen grundlegend unterscheiden.

Die Verfechter dieser Ansicht vermögen es aus den oben dargestellten Grün-den nicht überzeugend zu begründen, inwieweit die besonderen Handelsaus-gestaltungen des Emissionshandelsrecht mit denjenigen der vorgenannten Berechtigungen in Einklang stehen sollen, da das Emissionshandelsrecht als ein auf Verknappung und Technologieverbesserung gerichteter Regelungsrahmen ist, wohingegen die vorher genannten Rechtsinstitute dem nicht in gleicher Art und Weise gerecht werden.

c) Herleitung des subjektiv-öffentlichen Rechts mithilfe allgemeiner Grundsätze

Folglich ist anhand allgemeiner rechtlicher Kriterien eine Abgrenzung vorzu-nehmen, die sich aber mithilfe der Grundsätze des Emissionshandelsrechts und der systematischen Einordnung hinsichtlich der Abgrenzung zwischen öffentli-chem Recht und Privatrecht zu konkretisieren sind.

Dabei wird gemeinhin auf die modifizierte Subjekttheorie abgestellt. Diese dient im Grundsatz der Abgrenzung zwischen Öffentlichem Recht und Pri-vatrecht.[176] Sie besagt, dass eine Abgrenzung anhand der Berechtigung und Verpflichtung der jeweiligen Norm und Rechtsnatur des in Rede stehenden Rechtsverhältnisses zu erfolgen hat.[177]

---

172 Siehe zur ganzen Problematik unten: „Kritik bei der Versteigerung der Zertifikate".
173 Dagegen *Schweer*, siehe oben unter „öffentlich-rechtliche Rechtsnatur".
174 Dagegen *Pardon*, siehe oben unter „öffentlich-rechtliche Rechtsnatur".
175 So auch insb. *Büttner*, S. 30.
176 Zum Ganzen *Schmitz/Stelkens/Bonk/Sachs*, § 1 Rn. 83 ff.
177 Dazu *Sodan*/Sodan/Ziekow VwGO, § 40 Rn. 302 ff.

Aufgrund der Wirkung der Emissionsberechtigungen kann der Inhaber gegenüber dem Staat den Ausstoß einer Tonne CO_2-Äquivalent legitimieren, ihn folglich verpflichten diese Tätigkeit zu dulden und keine Sanktionen zu ergreifen. Gleichwohl ist der Betreiber einer emissionshandelspflichtigen Anlage dazu verpflichtet, Emissionsberechtigungen vorzuhalten, wobei der Betreiber nicht durch die Emissionsberechtigung verpflichtet wird, sondern insgesamt durch die Abgabepflicht in § 7 Abs. 1 TEHG. Folglich kann mit der einzelnen Emissionsberechtigung eine öffentlich-rechtliche Pflicht erfüllt werden, sodass neben der Zuteilung auch dieses Verhältnis öffentlich-rechtlich ausgestaltet ist.

Diese öffentlich-rechtliche Zuordnung und die damit fortwährende Wirkung einer potentiellen Möglichkeit der Legitimierung des Treibhausgasausstoßes geht auch nicht im bloßen Handelsverhältnis der Marktteilnehmer untereinander verlustig.

Die Wirkung der Berechtigungen gegenüber der staatlichen Stelle, die durch die Abgabe der Berechtigungen erzeugt werden kann, sorgt gleichsam für den Preis am Markt. Dies zeigt nicht zuletzt der zwischenzeitliche Tiefstand der Preise, der aufgrund des großen Angebots bestand, Emissionsberechtigungen erwerben zu können, sodass am Markt keine bedeutende Knappheit herrschte, die den Preis der einzelnen Berechtigung erhöhte.

Zugleich kommt der Emissionshandelsrichtlinie Bedeutung für die öffentlich-rechtliche Einordnung der Emissionsberechtigung zu, da der Markt erst von öffentlich-rechtlicher Seite durch die Einführung des Emissionshandels durch die EU geschaffen worden ist[178] und damit in einer Gesamtbetrachtung dieser öffentlich-rechtliche Bezug wesensbildend für den Emissionshandel ist.

d) Allgemeine Handelbarkeit bedeutet noch keine zwingende Zuordnung zu einer privatrechtlichen Rechtsnatur

Gegen das Hauptargument der Verfechter einer zivilrechtlichen Rechtsnatur spricht insbesondere, dass die Handelbarkeit und damit der Vermögenswert am Markt nicht zwingend zur Folge haben muss, dass es sich um ein privatrechtliches Nutzungsrecht handeln muss.

Die Handelbarkeit subjektiv-öffentlicher Rechte ist nämlich auch im Personenbeförderungsgesetz in § 2 PBefG gegeben.[179] Dagegen könnte man einwenden, dass es sich nicht um einen Markt handelt, wie bei den Emissionszertifikaten,

---

178 So auch *Weinreich*/Landmann/Rohmer UmweltR, § 7 TEHG Rn. 4.
179 Siehe oben unter „öffentlich-rechtliche Rechtsnatur".

da § 2 Abs. 3 PBefG normiert, dass gerade die Genehmigungspflicht nach § 2 nur übertragen werden darf, wenn zugleich das gesamte Unternehmen übertragen wird.

Allerdings ist dies nur eine weitergehende Konkretisierung des gesamten Marktes. Bei den Personenbeförderungsbetrieben handelt sich um einen Ausschnitt des nachgelagerten Gesamtmarkts der Mobilität. Folglich ist die Gesamtübertragung des Unternehmens nur eine konkretere Ausgestaltung der Übertragung, welche gleichwohl möglich ist. Sodass die Übertragung subjektiv-öffentlicher Rechte grundsätzlich möglich ist.

Dennoch muss man der zivilrechtlichen Auffassung zugestehen, dass eine Handelbarkeit subjektiv-öffentlicher Rechte eher unüblich ist. Indes muss dieses Argument nicht notwendigerweise dafür sprechen, dass sie nicht dem öffentlichen Recht zuzuordnen sind.[180] Die Zuordnung zum jeweiligen Rechtsgebiet ist vielmehr immer anhand der in Rede stehenden Rechtsgüter festzustellen.

Die für ein privatrechtliches Nutzungsrecht propagierte Loslösung von der öffentlichen Hand in ein marktwirtschaftliches europäisches Handelssystem gem. § 16 TEHG[181], muss auch nicht zwingend als eine Loslösung in Form einer Trennung vom Emissionshandel im Ganzen bezeichnet werden.

Zuzugestehen ist die Tatsache, dass eine Loslösung von der deutschen Abgabenbehörde vorgenommen wird, wenn die Emissionsberechtigung im Sinne des TEHG in anderen Mitgliedstaaten eingelöst wird. Auch die anderen Mitgliedstaaten treten gleichwohl den emissionshandelspflichtigen Anlagenbetreibern in Form der öffentlichen Hand entgegen, wenn sie die Pflicht zur Abgabe einfordern und ggf. durchsetzen. Außerdem kann die Emissionsberechtigung in gleicher Weise wieder zurücktransferiert werden, sodass die Abgabepflicht gegenüber der deutschen Abgabenbehörde erfüllt werden kann. Folglich verbleibt die einzelne Emissionsberechtigung immer Bestandteil des Emissionshandelsrechts im Ganzen.

e) Keine Dispositionsfeindlichkeit subjektiv-öffentlicher Rechte

Der Auffassung, dass über subjektiv-öffentliche Rechte und Pflichten nicht verfügt werden dürfe,[182] kann entgegengehalten werden, dass gerade nicht über die öffentlich-rechtliche Pflicht als solche verfügt wird. Übertragen wird lediglich die Emissionsberechtigung, mithin die unverbriefte Berechtigung, der zur

---

180 Instruktiv dazu auch *Pardon*, S. 68 ff.
181 *Ehricke/Köhn*, WM 2004, 1903, 1906.
182 Siehe oben; Maslaton, § 15 Rn. 10.

Erfüllung der Pflicht benötigt wird. Daher besteht hier nicht die Gefahr, dass die Erfüllung öffentlich-rechtlicher Pflichten Gegenstand eines Handelsmarkts wird und dadurch dem Zweck der Erfüllung hoheitlicher Pflichten entgegenstünde. Wenngleich die Erfüllung fremder hoheitlicher Pflichten auch nicht wesensfremd ist: so wird die Ordnungsbehörde nicht nachprüfen, ob der bußgeldbelastete Pflichtige seine Bußgelder selbst bezahlt hat oder ihm nicht doch das Geld im Wege einer Zuwendung von einem Dritten überlassen worden ist.

Sie wird wahrscheinlich nicht einmal Nachforschungen anstellen, wenn das Geld von einem fremden Konto, aber mit dem Zweck der Bezahlung des Bußgelds für einen anderen eingegangen ist, solange das Bußgeld bezahlt worden ist.

Überdies wird dieses Argument gerade durch die Ausgestaltung des Emissionshandelsrechts ins Gegenteil verkehrt. Marburger spricht zwar davon, dass ein Börsenhandel mit öffentlichen Rechten „höchst befremdlich"[183] sei, wenngleich es geradezu gewollt ist, dass ein reger Handel mit Emissionsberechtigungen entsteht.

f) Gegen die Bezeichnung „hybride Rechtsnatur" aufgrund von Rechtssicherheitsbedenken

Zur Einordnung der Emissionsberechtigung in eine sog. hybride Rechtsnatur ist zunächst festzustellen, dass dies jedenfalls dem deutschen Recht fremd ist, da der Abgrenzung zwischen öffentlichem Recht und Privatrecht insgesamt eine hohe Bedeutung zukommt.

Ohne Frage haben die Emissionsberechtigungen eine Art hybriden Charakter in ihren Rechtswirkungen, was aber noch nicht zwingend für eine hybride Rechtsnatur als solche spricht.

Die Abgrenzung zwischen öffentlichem Recht und dem Privatrecht darf über diese Kennzeichnung nicht unterlaufen werden, um Rechtsunsicherheiten zu vermeiden, die sich auch auf Bereiche außerhalb des Emissionshandelsrechts auswirken könnten. Insoweit ist es nach hier vertretener Auffassung klar zu kennzeichnen, das mit der Aussage, dass Emissionsberechtigungen auf eine Art „hybride" anzusehen sind, nicht derart weitergedacht werden darf, dass man von einer hybriden Rechtsnatur gesprochen wird, um die strenge Abgrenzung zwischen Privatrecht und öffentlichem Recht nicht aufzuweichen.

Zum Begründungsansatz von *Frenz/Theuer* ist auszuführen, dass die Argumentation mithilfe der Befugnis, eine Tonne CO_2 zu emittieren, insoweit

---

183 *Marburger,* FS Canaris, 1421, 1427.

angreifbar ist, als dass die mit den Berechtigungen einhergehende Legitimierungsmöglichkeit ohne Zweifel jederzeit bestünde, sofern freilich zusätzlich eine Genehmigung der Anlage gem. § 4 TEHG gegeben wäre. So wird von *Weinreich* darauf hingewiesen, dass die Emissionsberechtigungen ihre öffentlich-rechtliche Wirkung auch entfalten, wenn sie den emissionshandelspflichtigen Anlagenbetreibern schlechthin vorenthalten werden.[184] Wenn man daher das von *Frenz/ Theuer* genannte Beispiel der „Währung", die nicht eingelöst wird[185] weiterdenkt, so besteht die Währung in Form der Berechtigung im „Gesamtwährungskreislauf" auch weiterhin, nur dass sie eben für andere Marktteilnehmer nicht verfügbar ist. Man würde auch bei einem Geldschein im Währungskreislauf, der potentiell jederzeit eingelöst werden könnte, nicht davon sprechen, dass dieser volkswirtschaftlich ein Nullum ist, nur weil dieser derzeit nicht unauffindbar ist.

Das vorher angeführte Argument von *Frenz/Theuer* ist mithin nicht auf den Wirkungskern der Emissionsberechtigung an sich gerichtet, sondern auf die Befugnis insgesamt Treibhausgase emittieren zu dürfen, wenngleich die hier in Frage stehende Rechtsnatur nur ebendiesen Wirkungskern der einzelnen Emissionsberechtigung betrifft und aufgrund der vorher angebrachten erheblichen Rechtsunsicherheiten einheitlich zu erfolgen hat.

g) Verbriefungsmöglichkeit eines subjektiv-öffentlichen Rechts

Noch nicht in die Diskussion eingebracht ist die Frage, ob es grundsätzlich möglich sein kann, subjektiv-öffentliche Rechte zu verbriefen. Eine Verbriefung erfolgt gemeinhin über die allgemeine Zusicherung eines Rechts mit einem Schriftstück. Dabei ist schon jeder Verwaltungsakt, der ein subjektiv-öffentliches Recht auf den Einzelnen Bürger hoheitlich regelt und schriftlich ergeht, verbrieft. Folglich können auch subjektiv-öffentliche Rechte verbrieft oder – wie im Emissionshandelsrecht unverbrieft sein.

4. Zwischenergebnis: Emissionsberechtigungen sind öffentlich-rechtlich verbriefte Legitimationsberechtigungen

Die Emissionsberechtigungen sind nach alledem zwar handelbare,[186] aber, aufgrund ihrer Registereintragung, unverbriefte öffentlich-rechtliche

---

184 *Weinreich*/Landmann/Rohmer UmweltR, § 7 TEHG Rn. 4.
185 *Frenz/Theuer*/Frenz, § 3 Rn. 9.
186 Zu den Handelstatbeständen im Wege von Verpflichtungs- und Verfügungsgeschäft siehe unter „Zweiterwerb der Emissionsberechtigungen".

Legitimationsberechtigungen auf Zeit und damit subjektiv-öffentliche Rechte. Diese Ansicht dürfte auch mittlerweile die überwiegende Auffassung sein, zumal diejenigen Beiträge, die für ein privatrechtliches Nutzungsrecht streiten, dies vorrangig zu Beginn des Emissionshandels und insbesondere mit Einführung der Versteigerung der Emissionsberechtigungen vertreten haben. Unabhängig davon, ist sie nach dem oben Gesagten auch qualitativ vorzugswürdiger.

Abschließend ist noch anzufügen, dass zwar über gewisse Näherungsversuche zu anderen, möglicherweise ähnlichen Berechtigungen, Befugnissen oder verbrieften Rechten Rückschlüsse zu ziehen sind, die Erkenntnis jedoch zielführender wäre, wenn man vielmehr anerkennt, dass der Emissionshandel und damit auch die einzelne Emissionsberechtigung ein eigens zur Steuerung der Treibhausgasemissionen eingeführtes System ist, und daher eine Berechtigung sui generis des Emissionshandelssystems darstellt.

Somit befürwortet diese Arbeit, dass jede Einordnung innerhalb des Emissionshandels zu beachten hat, dass die Emissionsberechtigungen auch eigene und neuartige rechtliche Wirkungen zeitigen. Zur Vorbeugung von Missverständnissen sei angemerkt, dass davon freilich Vergleiche hinsichtlich der allgemeinen Handelbarkeit ausgenommen sind. So dient der Vergleich zur Handelbarkeit von Berechtigungen gem. § 3 PBefG lediglich als Beispiel für eine Handelbarkeit per se; es wird schlechthin nicht die Emissionsberechtigung im Kern mit den Genehmigungen anhand jener Norm verglichen.

Zusammenfassend ist festzuhalten, dass jedwede Einordnung innerhalb des Regelungsgefüges des Emissionshandels zunächst anhand der vorher erläuterten Grundprinzipien des Handelssystems durchzuführen ist; eine Einordnung, die sich an bereits bestehenden Rechtsinstituten orientiert, darf nur subsidiär erfolgen

III. Vermögenswert der Emissionsberechtigung

Nach § 35 InsO umfasst das Insolvenzverfahren das gesamte Vermögen, das dem Schuldner zur Zeit der Eröffnung des Verfahrens gehört und das er während des Verfahrens erhält. Daher stellt sich die Frage, ob den Emissionsberechtigungen ein Vermögenswert zugeschrieben kann.

1. Vermögensbegriff der Insolvenzmasse und Eigentumszuordnung der Emissionsberechtigungen

Das Vermögen im Sinne des Insolvenzrechts soll alle werthaltigen Sachen und Rechte umfassen, um eine umfassende Befriedigung der Gläubiger zu gewährleisten.[187] In der Literatur wird die Zuordnung der Emissionsberechtigungen zum materiellen Vermögen teilweise ohne weitergehende Auseinandersetzung bejaht.[188] Jedenfalls bei einer Zuordnung der Emissionsberechtigung als privatrechtliches Nutzungsrecht[189] liegt darin auch keine Problematik, da die Emissionsberechtigungen dann unzweifelhaft einer geschützten Eigentumsposition gem. Art. 14 GG gleichkommen. Nach hier vertretener Auffassung handelt es sich jedoch bei Emissionsberechtigungen um ein subjektiv-öffentliches Recht.[190]

Allerdings kann auch diesem subjektiv-öffentlichen Nutzungsrecht ein Vermögenswert zugesprochen werden. Teilweise werden die Emissionsberechtigungen als geldwerte Vorteile bezeichnet.[191] Andere sehen aufgrund der Handelbarkeit und die auf Veräußerung gerichtete Nutzungsweise ein vermögenswertes Recht.[192] Jedenfalls sei die einzelne Berechtigung aber durch den Eigentumsschutz gem. Art. 14 GG als eigentumsähnliches Recht umfasst.[193] Dieser Grundrechtsschutz gehe sogar so weit, dass auch die staatlich zugeteilten Berechtigungen von diesem Schutz umfasst seien, denn auch diese seien aufgrund eigener Leistung, namentlich durch die Zuordnung zum einer betriebsbezogenen Tätigkeit, zugeteilt worden.[194]

Dem ist insgesamt zuzustimmen. Die freie Handelbarkeit der Emissionsberechtigungen ist Ausdruck einer Verfügungsbefugnis über die einzelne verbriefte Emissionsberechtigung, die der Inhaber ausüben kann, indem er sie veräußert und folglich den Vermögenswert realisiert. Auch für unentgeltlich zugeteilte Emissionsberechtigungen ist die freie Handelbarkeit gegeben; sie sind nicht etwa einem bestimmten Zweck zugewiesen. Eine Gegenansicht, dass die Emissionsberechtigungen nicht dem Vermögen zugeordnet sein sollen, ist nicht ersichtlich. Dies würde auch gegen die ausdrücklich gewollte freie Handelbarkeit des Emissionshandelssystems sprechen, die zur Folge hat, dass sich Käufer der Berechtigungen frei ausgesucht werden können und der Verkaufspreis in das Vermögen fließt, woraufhin an anderer Stelle die Anlagentechnik zugunsten des

---

187 *Peters*/MüKoInsO, § 35 Rn. 15 ff.
188 So aufgrund der angenommenen Zuordnung zum Privatrecht: Bitter/MüKo InsO, § 45 Rn. 7a; *Windel*/Jaeger InsO, § 81 Rn. 71.
189 Siehe dazu unter „Zivilrechtliche Rechtsnatur der Emissionsberechtigungen".
190 Siehe dazu unter „Rechtsnatur der Emissionsberechtigungen".
191 *Maslaton*, § 6 Rn. 5.
192 *Frenz*/Frenz. § 9 Rn. 103.
193 *Strube*, Emissionshandelsrecht auf dem Prüfstand, S. 206.
194 *Frenz*/Frenz. § 9 Rn. 103.

Klimaschutzes verbessert werden kann. Die freie Handelbarkeit am Markt und mithin die Veräußerungsmöglichkeit ist mithin der materielle Vermögenswert.

2. Vermögenswert der Milchreferenzmenge als ähnliches Rechtsinstitut

Die oben schon herausgearbeitete scheinbare Ähnlichkeit zwischen Emissionsberechtigungen und der Milchreferenzmenge führt dazu, eine bereits geführte Diskussion betreffend der sog. Milchquote im Verhältnis zum Insolvenzverfahren aufzugreifen.

In der Literatur wird die insolvenzrechtliche Einordnung von Milchreferenzmengen kontrovers behandelt. Diese sollen nach wohl überwiegender Auffassung dem Vermögen des Schuldners zuzuordnen sein und damit Teil der Insolvenzmasse sein.[195] Dagegen wird allerdings eingewandt, dass durch die eingeschränkte Übertragbarkeit und der im Vorrang stehenden Ordnungsfunktion, kein Vermögenswert gegeben sei. Es sei nämlich kein gänzlich freier Markt für die Milchreferenzmengen ersichtlich, weil der Staat derjenige sei, der die Verkaufsparameter statuiere[196] und insoweit eine Verwertung im engeren Sinne nicht uneingeschränkt möglich sei.[197]

Auf die Einzelheiten dieser Frage ist hier nicht im Detail einzugehen, zumal die Emissionsberechtigung sich in einem Gesichtspunkt grundlegend von der sog. Milchquote unterscheidet.

Emissionsberechtigungen sind nämlich ein Legitimationsmittel bezüglich der Nutzung der Luft und damit ein Instrument des Klimaschutzes. Die Milchreferenzmenge hingegen hatte als Einführung nicht etwa den Tierschutz zum Gegenstand, sondern die Preisstabilität von Milch und damit ökonomische Gründe zum Schutz der milchfördernden Unternehmen – diese stellte folglich ein staatlicher Eingriff in den Markt dar, um die Preise stabil zu halten.[198] Dabei wurden nur eingeschränkte Übertragungstatbestände vorgesehen. Die Ordnungsfunktion gilt zwar auch im Emissionshandel, hier können jedoch auch

---

195 *Schnekenburger*, AUR 2003, 133; so wohl auch BGH, Urteil vom 28.9.2006 – IX ZR 98/0, welches aber lediglich die Anfechtung des Übergangs von Milchreferenzmengen zum Gegenstand hatte.
196 Siehe dazu eingehend oben unter „Öffentlich-rechtliche Rechtsnatur der Emissionsberechtigungen".
197 *Busse*, AUR 2006, 153, 164.
198 Siehe dazu eingehend oben unter „Öffentlich-rechtliche Rechtsnatur der Emissionsberechtigungen".

nicht der Abgabepflicht des Emissionshandels unterworfene Handelsteilnehmer mit Berechtigungen handeln. Folglich ist das Gegenargument der Zuordnung zur Insolvenzmasse nicht auf den Emissionshandel übertragbar. Eine Vergleichbarkeit der unterschiedlichen subjektiv-öffentlichen Rechte scheidet demnach aus.

3. Zwischenergebnis

Demnach sind Emissionszertifikate der Insolvenzmasse zugehörig, da ihnen ein Vermögenswert zugesprochen werden kann. Die Verwertbarkeit kann im Wege der freien Handelbarkeit der Berechtigungen erfolgen. Ihr tatsächlicher Wert wird als Termingeschäft auf den Handelsplattformen bestimmt.

IV. Vollstreckbarkeit des Vermögenswerts der Emissionsberechtigung

1. Maßstab der §§ 857, 828 ZPO

Für die Zwangsvollstreckung in andere Vermögensrechte, die nicht Gegenstand der Zwangsvollstreckung in das unbewegliche Vermögen sind, gelten gem. § 857 ZPO die Vorschriften der §§ 828 ZPO entsprechend. Bei der Auffassung, dass es sich bei der Emissionsberechtigung um ein privatrechtliches Nutzungsrecht handelt wird die Berechtigung als anderes Vermögensrecht im Sinne des § 857 ZPO angesehen.[199] Auch bei der Einordnung als Wertpapier ergeben sich gem. § 821 ZPO keine Probleme hinsichtlich der Vollstreckbarkeit.[200]

Man könnte auch eine Parallele zur Vollstreckung in den Wert von privatrechtlichen Lizenzen in der Insolvenz des Lizenznehmers[201] ziehen.[202] Diese unterliegen der Zwangsvollstreckung, sofern sich der Insolvenzverwalter für einen Fortbestand des Lizenzvertrags gem. § 103 InsO entscheidet und es aufgrund des jeweiligen Lizenzvertrages möglich ist, den Wert der Lizenz zu realisieren.[203] Jedenfalls dann, sofern ein ausschließliches Lizenzrecht gewährt ist,

199 *Ehricke/Köhn*, WM 2004, 1903, 1906.
200 Vgl. zur Vollstreckung in privatrechtliche Wertpapiere: *Gruber*/MüKo ZPO, § 821 Rn. 1 ff.
201 Das weitergehende Problemfeld zur Insolvenz des Lizenzgebers wird hier ausgespart, vgl. aber *J. F. Hoffmann*/MüKo InsO, § 108 Rn. 163 ff.
202 Vgl. zu verschiedenen Lizenztypen: *Potthoff*, Patentlizenzen in der Insolvenz; *Ahlmer*, Die Insolvenz im Filmrechtehandel, S. 71 ff.
203 Vgl. dazu insgesamt Osterrieth/Paff/Osterrieth Lizenzverträge, Abschnitt VII Rn. 712 ff.

welches übertragbar ist.[204] Im weitesten Sinne sind Emissionsberechtigungen auch eine Art Lizenz, die sich über die Legitimierung des Treibhausgasausstoßes verwirklicht. Durch die privatrechtliche Einordnung der Lizenzen im Wege eines Dauerschuldverhältnisses kann jedoch noch keine Aussage über die Vollstreckbarkeit der Emissionsberechtigungen gemacht werden.

Die Berechtigungen sind zwar lizenzartig, jedoch nicht im Wege eines echten Lizenzvertrags erteilt, welches ein Dauerschuldverhältnis zum Gegenstand hat, anhand dessen eine Vollstreckbarkeit begründet werden könnte.

2. Vollstreckung in subjektiv-öffentliche Rechte

Es könnten sich Zweifel bei der Frage der Vollstreckbarkeit der Emissionsberechtigung ergeben, da es sich nach hier vertretener Auffassung um ein subjektiv-öffentliches verbrieftes Legitimationsrecht handelt. Subjektiv-öffentliche Rechte entfalten grundsätzlich Wirkungen zwischen Inhaber und der öffentlichen Hand entfaltet, sodass eine Vollstreckung aufgrund des Zuweisungsgehalts zwischen Staat und Berechtigtem unmöglich ist. Allerdings ist die Vollstreckung in öffentlich-rechtliche Berechtigungen nicht wesensfremd für die Zwangsvollstreckung.

Es ist nämlich anerkannt, dass beispielsweise Realgewerbeberechtigungen gem. § 48 GewO vollstreckbar sind, sofern sie nicht zum unbeweglichen Vermögen gehören.[205] Diese öffentlich-rechtliche Berechtigung kann übertragen werden und beinhaltet die Befugnis innerhalb eines bestimmten Bereiches monopolartig ein bestimmtes Gewerbe zu betreiben.[206]

Dieses subjektiv-öffentliche Recht ist indes lediglich bedingt mit den Emissionsberechtigungen vergleichbar, da sie nur eingeschränkt übertragen werden dürfen, falls der Erwerbende ordnungsrechtlich befugt ist, das betreffende Gewerbe ausüben zu dürfen. Dennoch zeigt sich hier, dass die Vollstreckung in subjektiv-öffentliche Rechte nicht wesensfremd ist, sofern diese an einem Markt veräußert werden können und damit für die Vermögensmasse verwertet werden können. Auch hier wird jedoch die eigene für das Emissionshandelsrecht einzunehmende Betrachtungsweise als neuartiges Rechtssystem deutlich.

---

204 Büteröwe/K. Schmidt, § 35 Rn. 22 mit weiteren Nachweisen.
205 Vgl. dazu *Smid*/MüKoZPO, § 857 Rn. 15.
206 Vgl. *Schönleiter*/Landmann/Rohmer/Gewerbeordnung, § 48 Rn. 1 ff.

3. Vollstreckbarkeit der Emissionsberechtigungen

Emissionsberechtigungen sind übertragbar und können somit einem anderen Inhaber rechtlich zugewiesen werden, daher sind sie pfändbar[207] uns es kann in Ihre Veräußerung gegen den Inhaber der Berechtigung vollstreckt werden. Die Vollstreckung erfolgt über §§ 857, 282 ff. ZPO, deren Wert über den Verkauf der jeweiligen Berechtigung auf Antrag des Schuldners realisiert wird und der Erlös ausgekehrt wird.[208] Die grundsätzliche Möglichkeit der Vollstreckung in diesen Vermögenswert ist jedoch streng von der Durchsetzbarkeit der Abgabepflicht zu trennen. Die Befriedigung eines Gläubigers über den Vermögenswert ist insoweit rein zivilrechtlich zu sehen. Die öffentlich-rechtliche Abgabepflicht wird unten näher behandelt.

V. Keine weitere Zuteilung bei Betriebseinstellung und damit kein „Neuerwerb" zur Anreicherung der Insolvenzmasse

Festzustellen ist das Schicksal der Zuteilungen von Emissionsberechtigungen, die Anlagen betreffen, deren Betrieb eingestellt worden ist. Dies ergibt sich schon aus Art. 10a Abs. 19 RL 2003/87/EG:

> *„Für Anlagen, die ihren Betrieb eingestellt haben, kommt keine kostenlose Zuteilung in Betracht, es sei denn, die Betreiber weisen der zuständigen Behörde nach, dass sie ihre Produktion in der Anlage in einer bestimmten, angemessenen Frist wieder aufnehmen werden."*

Seine Entsprechung findet sich in § 20 ZuV 2020 – dort ist außerdem in Abs. 3 normiert, dass die Zuteilungsentscheidung von Amts wegen aufgehoben und die Ausgabe von Berechtigungen für das Folgejahr eingestellt wird. Demnach gilt jedenfalls bei Gesamtwertung des Vermögens im Wege der Abwicklung des Betriebs zur Befriedigung der Gläubiger, dass weitere Emissionsberechtigungen nicht zugeteilt werden.

Die bereits ausgegebenen Berechtigungen für das komplette Jahr, in dem der Betrieb eingestellt worden ist, dürfen jedoch behalten werden. Je früher die Betriebseinstellung erfolgte, desto höher ist folglich der Anteil an Berechtigungen,

---

207 Zur Pfändbarkeit aufgrund eines Vermögenswerts siehe insb. *Flockenhaus*/Musielak/ Voit ZPO, § 857 Rn. 2 ff.
208 So auch *v. Wilmowsky*, EWiR 2021, 693, 694.

den die Betreiber nach Erfüllung ihrer noch bestehenden Abgabepflicht behalten und ggf. verkaufen können.[209]

VI. Zwischenergebnis: Emissionsberechtigung können im Grundsatz Bestandteil der Vermögensmasse gem. § 35 InsO sein

Mithin können Emissionsberechtigungen gem. §§ 857, 828 ZPO Gegenstand der Zwangsvollstreckung sein und damit Bestandteil der Vermögensmasse gem. § 35 InsO. Ihr Wert kann am Markt durch den Verkauf der jeweiligen Berechtigung realisiert werden und damit in Höhe des jeweiligen Gegenwerts die Insolvenzmasse vergrößern.

---

209 *Budde*/Hoffmann/Fleckner/Budde, § 20 ZUV Rn. 8.

E. Die Pflichten des Insolvenzverwalters nach dem TEHG in der Insolvenz des emissionshandelspflichtigen Anlagenbetreibers

Es ist nunmehr anhand des jeweiligen Entstehungstatbestands im Sinne von § 38 InsO herauszuarbeiten, ob es sich um bei der jeweiligen aus dem Emissionshandelsrecht erwachsenen Pflicht um eine Insolvenzforderung handelt. Dabei besteht die Ausgangslage, dass die Pflichten bei der Änderung der Identität oder Rechtsform des Betreibers gem. § 25 Abs. 1 TEHG auf den neuen Betreiber übergehen.[210] Dies ist Ausdruck der streng anlagenbezogenen Pflichten des Emissionshandels.[211] Seit Anfang 2019[212] gilt eine Konkretisierung dieses Prinzips für das Insolvenzverfahren nach § 25 Abs. 3 TEHG:

> *„Wird über das Vermögen eines Betreibers das Insolvenzverfahren eröffnet, hat der Insolvenzverwalter die zuständige Behörde unverzüglich darüber zu unterrichten. Soweit der Betrieb im Rahmen eines Insolvenzverfahrens fortgeführt wird, bestehen die Verpflichtungen des Betreibers aus diesem Gesetz fort. [...]“*

Die weiteren Ausführungen hinsichtlich der Pflichten im Insolvenzverfahren sind anhand dieser Gesetzänderung zu bewerten.

I. Die Abgabepflicht gem. § 7 Abs. 1 TEHG

Der Betreiber einer emissionshandelspflichtigen Anlage hat gem. § 7 Abs. 1 TEHG jährlich bis zum 30. April an die zuständige Behörde eine Anzahl an Berechtigungen abzugeben, die den durch seine Tätigkeit im vorangegangenen Kalenderjahr verursachten Emissionen entspricht.

1. Abgabebegriff

Die Abgabe im Sinne des TEHG ist dabei nicht im Sinne einer körperlichen Abgabe im Sinne der Übertragung der Sachherrschaft an einer Sache zu

---

210 Vgl. dazu: *Fleckner*/Hoffmann/Fleckner/Budde § 7 Rn. 7; *Hoffmann*/Hoffman/Fleckner/Budde, § 25 Rn. 5.

211 Siehe oben unter „Anlagenbegriff".

212 § 25 Abs. 3 TEHG gilt seit 25.1.2019 durch Änderungsgesetz v. 18.1.2019 (BGBl. I S. 37)

verstehen. Es werden vielmehr im Wege einer Übertragung über eine Überweisung der betreffenden Anzahl an Zertifikaten an die kontoausführende Stelle, namentlich die Deutsche Emissionshandelsstelle beim Umweltbundesamt.[213] In der Gesetzesfindung ist daher eingebracht worden, dass die Formulierung „zur Löschung zu übertragen (Abgabe)" der Realität des Emissionshandels eher entspreche.[214] Dennoch wurde in Einklang mit der RL 2003/87/EG das Wort „Abgabe" gewählt. Zur Veranschaulichung des eigentlichen Abgabevorgangs und der Wirkung der Löschung der Zertifikate nach Abgabe als Ausdruck des Emissionshandelssystems ist dieser Weg der Gesetzesfindung jedoch einprägsam, wenngleich auch über die offenere Formulierung der Wesenskern der Hauptpflicht des Emissionshandels erkennbar wird.

2. Abgabepflicht als „Vorteilsabschöpfung" im Katalog der öffentlich-rechtlichen Abgaben

Das Bundesverfassungsgericht hat entschieden, dass die Ausgestaltung des Emissionshandels und die damit einhergehende Abgabepflicht einer bestimmten Anzahl an Emissionsberechtigungen in das abgabenrechtliche System des Staates als eine Vorteilsabschöpfung einzuordnen ist und es sich damit um eine nichtsteuerliche Abgabe handelt. Diese Vorteilsabschöpfung ist an sich grundgesetzlich zulässig, da es keinen abschließenden Kanon zulässiger nichtsteuerlicher Abgabentypen gibt.[215] Allerdings setzt die Vorteilsabschöpfungsabgabe voraus, dass ein Sondervorteil gewährt wird, der überhaupt abgeschöpft werden kann. Dies wird – so Bundesverfassungsgericht – im Wege einer künstlich erzeugten Knappheitssituation über die Mengenbegrenzung der Emissionsberechtigungen als Nutzungsbefugnis der Luft realisiert.[216] Allein aus der Einordnung als Vorteilsabschöpfung in das finanzverfassungsrechtliche System der Abgaben, können noch keine Rückschlüsse bezüglich der Einordnung der Abgabepflicht gezogen werden.[217] Es ist vielmehr der Entstehungstatbestand dieser öffentlich-rechtlichen Pflicht herauszuarbeiten – Vorteilsabschöpfung ist dabei lediglich die Bezeichnung, wenngleich sich die unterschiedlichen Ausformungen aus der oben dargestellten Systematik des Emissionshandelsrechts ergeben. Die Frage,

---

213 *Ehrmann*/Berliner Kommentar, § 7 TEHG Rn. 6.
214 BR-Drs. 14/04, S. 13.
215 Ständige Rechtsprechung BVerfG, vgl. nur *BVerfGE* 149, 222 (249); BVerfGE 113, 128 [146 f.]; 122, 316 [333]; 123, 132 [141]; 137, 1 [17 f. Rn. 42].
216 Zum Ganzen: BVerfG, Beschl. v. 5.3.2018 – 1 BvR 2864/13.
217 Siehe oben unter „Insolvenzrechtliche Behandlung öffentlich-rechtlicher Abgaben".

wie es um die Abgabepflicht bestellt ist, ergibt sich außerdem nicht allein aus der Antwort, dass der Insolvenzverwalter als Betreiber der Anlage anzusehen ist. Vielmehr ist auch hier die öffentlich-rechtliche Pflicht maßgeblich, woraus die Wirkungen der Pflicht im Einzelnen abzuleiten sind. Der Insolvenzverwalter muss diese dann im ohne weiteres erfüllen. Mithin ist anhand allgemeiner Grundsätze und insbesondere anhand der Entstehungstatbestände herauszuarbeiten, welche Pflichten für den Insolvenzverwalter bestehen.

3. Insolvenzrechtliche Behandlung öffentlich-rechtlicher Abgaben und Pflichten

Im Insolvenzverfahren ist zwischen verschiedenen Gläubigergruppen wie folgt zu unterscheiden: Die Insolvenzgläubiger gem. § 38 InsO,[218] die nachrangigen Insolvenzgläubiger gem. § 39 InsO,[219] die Massegläubiger[220] gem. §§ 53 ff. InsO, sowie die aussonderungs-[221] und absonderungsberechtigten[222] Gläubiger gem. §§ 47–52 InsO. Im Folgenden ist darzulegen, inwieweit der Staat seine Forderungen geltend machen kann und mit welchem Gläubigerstatus er innerhalb des Insolvenzverfahrens einzuordnen ist. Dabei orientieren sich Probleme in der Regel an der Frage, ob die jeweiligen Abgaben und Pflichten als Insolvenzforderung gem. § 38 InsO ggf. in Verbindung mit § 45 InsO einzuordnen sind. Bei eigenen Handlungen des Insolvenzverwalters nach Verfahrenseröffnung stellen die jeweiligen Forderungen ohnehin Masseverbindlichkeiten im Sinne von § 55 Abs. 1 Nr. 1 InsO dar.

a) Öffentlich-Rechtliche Abgaben

aa) Steuern

(1) Insolvenzrechtliche Behandlung

Die das öffentliche Gemeinwesen finanzierenden Einnahmen sind von all denjenigen zu entrichten, die den Tatbestand der jeweiligen Steuer erfüllen.

---

218 Dazu *Bremen*/Graf-Schlicker InsO, § 38 Rn. 1 ff.
219 Siehe dazu vertieft *Hirte*/Uhlenbruck InsO, § 39 Rn. 1 ff.
220 Vgl. *Thole*/K. Schmidt, § 53 Rn. 1 ff.; zur Gleichmäßigkeit der Befriedigung der Massegläubiger untereinander: *Adam*, Die gleichmäßige Befriedigung der Massegläubiger, DZWIR 2009, 181.
221 *Leithaus*/Andres/Leithaus InsO, § 47 Rn. 1 ff.
222 *Bäuerle*/Braun InsO, § 49 Rn. 1.

Nach allgemeinen Kriterien sind diejenigen Steuern, die vor Eröffnung des Insolvenzverfahrens entstanden sind als Insolvenzforderungen zu behandeln und diejenigen während des Verfahrens als Masseforderungen.[223] Insoweit ergibt sich keine unterschiedliche Behandlung des Staates als Gläubiger im Insolvenzverfahren. Der Staat hat keine Vorrangbehandlung als Gläubiger im Insolvenzverfahren.

Dennoch treten vermehrt Streitigkeiten auf, die den Zeitpunkt des Entstehens des jeweiligen Tatbestands der Steuer betreffen und es daher problematisch ist, ob diese als Insolvenz- oder Masseforderung einzuordnen sind.[224]

Nach mittlerweile herrschender Ansicht kommt es für den Zeitpunkt darauf an, dass der jeweilige Tatbestand nach den Vorschriften des Steuerrechts vollständig verwirklicht sein müsse und nicht der materielle zivilrechtliche Sachverhalt.[225]

Weitere Streitigkeiten betreffen die Durchsetzung der Steuerpflicht, namentlich die nachgelagerten Verfahren bei einem Widerspruch im Prüfungstermin gem. § 178 InsO – der Staat könne gem. § 251 Abs. 3 AO durch Bescheid das Bestehen der angemeldeten Forderung selbst feststellen, sodass das Risiko bestehe, dass der Insolvenzverwalter oder die Gläubiger das Prozessrisiko vor dem Finanzgericht tragen würde.[226]

Darauf kann hier allerdings im Detail nicht eingegangen werden. Dennoch ist festzustellen, dass sich die Frage immer anhand der Problematik stellt, ob der Fiskus als Massegläubiger befriedigt werden darf oder ob die öffentliche Hand eine Forderung zur Insolvenztabelle anmelden darf – verbunden mit dem Risiko, dass lediglich eine quotale Befriedigung möglich ist.

(2) Vergleichbarkeit mit dem Emissionshandel

Die Abgabepflicht der Emissionsberechtigungen ist keine Erhebung einer Steuer.[227] Insbesondere fehlt bei der Abgabepflicht die Zweckungebundenheit der Steuer. Die Erlöse aus den Versteigerungen der Berechtigungen sind nämlich an Ausgaben für Klimaschutzprojekte gebunden. Die Einnahmen fließen gem. § 4 Abs. 1 KTFG nämlich vollständig in den Klima- und Transformationsfonds (KTF). Daher ist wegen der unterschiedlichen Zweckrichtung keine

---

223 *Sinz*/Uhlenbruck InsO, § 38 Rn. 67.

224 Überblick dazu bei *Hess*/Kölner Kommentar InsO, § 38 Rn. 144 ff.

225 *Sinz*/Uhlenbruck InsO, § 55 Rn. 26.

226 Frege/Keller/Riedel, Insolvenzrecht, Teil 1., Kapitel 1. Rn. 9

227 Vgl. dazu BVerfG, Beschluss vom 5.3.2018 – 1 BvR 2864/13.

unmittelbare Nutzbarmachung für das Emissionshandelssystem zu ziehen. Allerdings wird es auch für die Abgabepflicht des TEHG als eine öffentliche Abgabe der jeweilige Entstehungstatbestand von Belang sein. Insoweit kann die Maßgabe herausgearbeitet werden, dass das Steuerrecht den materiellen Entstehungstatbestand formt, während das Insolvenzrecht das weitere Verfahren vorgibt. Die jeweiligen Fragen der eigenen Durchsetzung von Steuerforderungen durch den Staat sind indes für den Emissionshandel nicht relevant. Der Staat kann die Abgabepflicht nach § 7 Abs. 1 TEHG nicht gesondert durchsetzen und ist über das allgemeine Verwaltungsvollstreckungsrecht gebunden, da es keinen eigenen Vollstreckungstatbestand im Emissionshandelsrecht gibt.

bb) Andere Abgaben und Gebühren

Hinsichtlich der Abgabenschuldverhältnisse des Staates ergeben sich – soweit ersichtlich – keine Besonderheiten. Die Prüfung und mögliche Anmeldung als Insolvenzforderungen erfolgt nach allgemeinen Kriterien, sodass vorrangig die Frage des Entstehungstatbestandes relevant wird.[228] Sie sind erst dann begründet, wenn die Beitragspflicht entstanden ist, wohingegen die jeweilige materielle Ausgestaltung in dem Bereich der Gebührenerhebung zu verorten ist.[229]

cc) „Vorteilsabschöpfung" des Emissionshandelsrechts als eigene öffentlich-rechtliche Abgabe

Auch hinsichtlich der allgemeinen Vorteilsabschöpfung sind keine Besonderheiten bezüglich der Einordnung als Insolvenz- und Masseforderung ersichtlich. Es kommt folglich auch auf den Entstehungstatbestand und im Besonderen auf die Begründung der jeweiligen Forderung an, welcher aus dem materiellen Recht zu entnehmen ist

b) Sonstige Rückschlüsse aus Gebieten des öffentlichen Rechts im Zusammenhang mit dem Insolvenzrecht

aa) Ordnungspflichten aus dem Gefahrenabwehrrecht

Sehr streitig und noch nicht abschließend geklärt ist die Einordnung der öffentlich-rechtlichen Pflichten aus dem Ordnungsrecht.[230] Dabei ist jedoch aufgrund des oben genannten Grundsatzes, dass der Staat auch Gläubiger im

---

228 *Sinz*/Uhlenbruch, § 38 Rn. 28.
229 *Ehricke/Behme*/MüKo InsO, § 38 Rn. 122.
230 Vgl. dazu den Überblick bei *Mock*/Uhlenbruck, § 80 Rn. 245 ff.

Insolvenzverfahren ist, immer genau die jeweilige Pflicht herauszuarbeiten und festzustellen, ob überhaupt eine Forderung gegeben ist, die gem. §§ 38, 45 InsO eine Insolvenzforderung darstellt.[231] Unbestritten eine Masseforderung gem. § 55 Abs. 1 Nr. 1 InsO ist die Beseitigungspflicht, wenn der Tatbestand, mithin die Gefahr für die öffentliche Sicherheit, nach der Verfahrenseröffnung verursacht worden ist. Die Streitigkeiten sind demzufolge derjenigen Frage zuzuordnen, ob eine bereits vor Insolvenzantrag begründete und möglicherweise (aber nicht zwingend) fortwirkende Gefahr, auch als Masseforderung aufgrund der Besonderheiten der Störerhaftung anzusehen ist.

bb) Abfallrechtliche Beseitigungspflichten und Altsanierungspflichten
Dies wird insbesondere bei Beseitigungs- und Altsanierungspflichten diskutiert.

Diese spezielle ordnungsrechtliche Problematik hat zum Gegenstand, dass eine Gefahr für die öffentliche Sicherheit nur durch Beseitigung von Abfall oder Altlasten aufgehoben werden kann. Eine verbreite Auffassung nimmt an, dass bei der Beseitigung von Abfallpflichten, die den Entstehungstatbestand bereits vor Eröffnung des Insolvenzverfahrens verwirklicht haben, diese notwendigerweise als Insolvenzforderungen, sondern als Masseforderungen zu behandeln seien.[232] Es wird außerdem teilweise angenommen, dass der Staat in diesem Fall aufgrund der Gefahrenproblematik kein Insolvenzgläubiger sein könne und die Beseitigungspflicht eine Masseschuld sein müsse.[233] Das Hauptargument dieser Auffassung ist, dass die Gefahr dauerhaft fortbestehe und der Insolvenzverwalter demnach mit Übernahme der Verwaltungs- und Verfügungsbefugnis gem. § 80 InsO Zustandsstörer sei. So erlösche die Zustandsstörerhaftung des Schuldners gleichsam mit der Eröffnung des Insolvenzverfahrens und wird im Sinne von § 80 InsO durch die Haftung des Insolvenzverwalters ersetzt.[234]

Nach einer anderen Auffassung, die insbesondere an die Rechtsnatur des Insolvenzverwalters knüpft, besteht die Beseitigungspflicht für den Insolvenzschuldner fort und der Insolvenzverwalter muss als Vertreter der Masse für die Beseitigung durch Bezahlung aus der Masse aufkommen. So dürfen auch bspw. keine kontaminierten Grundstücke zum massefreien Vermögen erklärt werden, um dieser Altlastenpflicht zu entgehen.[235]

---

231 *Bitter*/MüKo InsO, § 45 Rn. 7a.
232 *Vuia*/MüKo InsO, § 80 Rn. 138 ff.
233 VG Frankfurt NZI 1999, 284, 286.
234 *Sternal*/K. Schmidt § 45 Rn. 67.
235 *K. Schmidt*, NJW 2010, 1489.; ebenda, 2012, 3344.

Nach wohl überwiegender Auffassung gilt jedoch, dass die jeweiligen Beseitigungs- und Handlungspflichten auch als Insolvenzforderungen anzusehen sind, soweit sie vor Verfahrenseröffnung entstanden sind und nicht fortdauern.[236] Der Staat dürfe sich folglich durch eine spätere Konkretisierung der Verfügung nicht in eine bessere Gläubigerposition bringen.[237]

cc) Einordnung der Problematik und Vergleichbarkeit

Die besonderen Streitstände, betreffend die ordnungsrechtliche Pflicht auf Abfallbeseitigung, Altlastensanierung oder Immissionsschutz sind im Kern darin begründet, dass es teilweise nicht für vorzugswürdig erachtet wird, dass Gefahren der öffentlichen Sicherheit und damit einhergehend möglicherweise Gefahren für Leib und Leben aufgrund einer Insolvenz nicht beseitigt werden müssen. Es geht im Kern um das Verhältnis zwischen Grundverfügung und abstraktem gefahrenrechtlichen Tatbestand.

Außerdem wird darauf verwiesen, dass es aus ordnungsrechtlichen Gesichtspunkten nicht statthaft erscheint, dass schlussendlich die öffentliche Hand für die Altlasten des Insolvenzschuldners aufkommen soll.[238]

Diese Maßgaben können indes nicht auf den Emissionshandel übertragen werden. Der Emissionshandel ist im Kern nicht der *Beseitigung* von Umweltschäden zuzuordnen. Die Emission ist bereits getätigt, daher kann die „Gefahr" auch nicht mehr aus der Atmosphäre entfernt werden.

Hierneben wird mit den einzelnen Emissionsberechtigungen kein „Ausgleich" geschaffen, die die schadenherbeiführende Handlung oder den schadhaften Zustand beseitigen könnten. Das einzelne verbriefte subjektiv-öffentliche Recht ist eine bloße Legitimierung des schon entstandenen Schadens. Demnach kann aus einem Vergleich lediglich abgeleitet werden, dass allgemeine Grundsätze der Entstehung des Tatbestandes heranzuziehen sind, ob eine Insolvenz- oder eine Masseforderung nach § 38 InsO gegeben ist. Ferner kann die Streitigkeit, welche den konkreten Entstehungszeitpunkt bei der Einordnung von Ordnungspflichten im Insolvenzverfahren betrifft, nicht auf den Emissionshandel übertragen werden.

---

236 Dazu insb. *Vuia*, MüKo InsO, § 80, Rn. 139 ff.; Zu immissionsrechtlichen Pflichten in der Insolvenz vgl. *Segger*, Die Erfüllung immissionsschutzrechtlicher Nachsorgepflicht in der Insolvenz.

237 *Grünert*, Altlastenhaftung in der Insolvenz, S. 24 ff.

238 *K. Schmidt*, NJW 2012, 3344, 3345.

Im Emissionshandelsrecht ist die Behörde nämlich nicht befugt, durch weitere Bescheide eine nochmalige Verfügung festzusetzen, die die Abgabepflicht neu begründen könnte und somit ein diesbezüglicher Zeitpunkt oder eine damit einhergehende Bevorzugung der öffentlichen Hand im Insolvenzverfahren streitig wäre. Folge der Nichtabgabe einer nicht hinreichenden Anzahl an Emissionsberechtigungen ist die Strafe „sui generis" des Emissionshandels aus § 30 TEHG, die ihrerseits durch einen Bußgeldbescheid festgesetzt werden könnte. Dadurch erlischt sodann allerdings nicht die Abgabepflicht, die ihrerseits weiterhin fortbesteht bis die Treibhausgasemission durch die Abgabe der erforderlichen Anzahl an Berechtigungen legitimiert worden ist.[239] Folglich liegt auch darin ein Unterschied zwischen der Altlastenproblematik und dem Emissionshandel, bei welchem die Pflicht zur Abgabe bereits mit Erfüllung des Tatbestands entsteht und nicht durch die Konkretisierung des Abgabebescheids aufgrund des Emissionsberichts.[240]

c) Zwischenergebnis: Emissionshandelsrecht ist aufgrund seiner Besonderheiten nicht mit anderen öffentlich-rechtlichen Pflichten oder Rechten vergleichbar

Aus alledem ergibt sich wiederum, dass das Emissionshandelsrecht mit seinen Besonderheiten isoliert zu betrachten ist und Vergleiche zu anderen Rechtsinstituten und möglicherweise vergleichbaren Problemen aus anderen Bereichen des öffentlichen Rechts zu vermeiden sind, um dem Sinn und Zweck des Emissionshandels einzelfallgenau gerecht zu werden.

Indes lässt sich allgemein aus dem Vorherigen entnehmen, dass auch bei öffentlich-rechtlichen Pflichten die Entstehungstatbestände maßgeblich sind für die Einordnung als Insolvenz- oder Masseforderung. Dabei verdrängt allerdings das Insolvenzrecht nicht die öffentlich-rechtlich begründete Pflicht, sondern die Pflicht wird über die Vorgaben der speziellen Verfahrensordnung im Insolvenzverfahren erfüllt. Der Staat kann seine Forderung – soweit die Erfüllung der Pflicht einen Forderungswert aufweist – als Gläubiger über eine Anmeldung zur Insolvenztabelle geltend machen.

---

239 Siehe oben unter „Abgabepflicht".
240 Siehe dazu oben unter „Abgabepflicht gem.§ 7 Abs. 1 TEHG".

4. Insolvenz- oder Masseforderung

Bei der Abgabepflicht könnte es sich gem. §§ 38, 45 InsO um eine Insolvenz-forderung handeln, wenn diese ein Vermögensanspruch darstellt und zum Zeit-punkt der Verfahrenseröffnung dieser Vermögensanspruch bestand.

a) Zeitpunkt des Entstehens der Abgabepflicht

Der Zeitpunkt des Entstehens Abgabepflicht des § 7 Abs. 1 TEHG ist umstrit-ten. Eine Ansicht sieht den Tatbestand schon begründet mit der entsprechenden Emission an Treibhausgasen, die den Abgabetatbestand erfüllt.[241] Eine andere Ansicht erklärt die Abgabepflicht erst aufgrund der angegebenen Menge im Bescheid als begründet.[242] Demnach soll erst mit Abgabe des Prüfberichts gem. § 5 TEHG eine konkrete Anzahl der abzugebenden Berechtigungen begründet sein. Dies mag im Ergebnis auf die konkrete Anzahl der abzugebenden Berech-tigungen zutreffen, indes kommt es für die konkrete Abgabepflicht auf den Ausstoß an. Insoweit verkennt das VG Berlin allerdings, dass schon der Wort-laut des § 7 Abs. 1 TEHG gegen die letztgenannte Ansicht spricht, da dieser die Abgabepflicht verobjektiviert und nicht von subjektiven Handlungen, wie die Einreichung des Berichts abhängig macht. So besteht für die jeweilige Behörde auch die Möglichkeit, die jeweiligen ausgestoßenen Emissionen gem. § 30 Abs. 2 Satz 1 TEHG zu schätzen und anhand dessen eine Abgabeverpflichtung nach § 7 Abs. 1 TEHG zu begründen.[243] Daraus wird deutlich, dass der Gesetzgeber die Abgabepflicht streng an den einzelnen Ausstoß koppeln wollte und die Abgabe-pflicht ist damit schon mit der einzelnen Emission begründet. Folglich ist der insolvenzrechtlich relevante Tatbestand bereits nach dem Ausstoß der jeweiligen Tonne Treibhausgasäquivalent entstanden, welcher anschließend im Emissions-handelsbericht aufzuführen ist, der lediglich deklaratorischen Charakter hat.

241 *Hoffmann/Fleckner*/Hoffmann/Fleckner/Budde, TEHG, § 7 Rn. 4; *Schumacher*, ZInsO 2020, 1916, 1920.

242 VG Berlin, Urteil vom 11.6.2010, 10 K 130.09, Rn. 30, juris sowie weitere Entschei-dungen des VG Berlin, zuletzt: VG Berlin, Beschl. v. 27.4.2020 – VG 10 L 135/20, S. 8 (unveröffentlicht); nicht ausdrücklich, aber anhand der Umstände wohl auch *Ehrmann*/Berliner Kommentar, § 7 TEHG Rn. 4.

243 So auch *Schumacher*, ZInsO 2020, 1916, 1920.

b) Wirkung des § 25 Abs. 3 TEHG bezüglich der Abgabepflicht

Bei Fortführung des Betriebs der Anlage bestehen die Pflichten fort, jedoch nur *soweit* die Fortführung durch den Insolvenzverwalter geschieht. Folglich übernimmt § 25 Abs. 3 TEHG die geltende insolvenzrechtliche Rechtslage in das TEHG, wobei jede Rechtshandlung des Insolvenzverwalters gem. § 55 Abs. 1 Nr. 1 InsO eine Masseforderung ist. Die Norm hat mithin deklaratorischen Charakter bezüglich der Wirkungen zwischen Insolvenz- und Masseforderungen. Auch dies ist eine bloß deklaratorische Erklärung der insolvenzrechtlichen Wirkungen von Forderungen und Pflichten im Insolvenzverfahren.

c) Forderungscharakter der vor Insolvenzantrag entstandenen Abgabepflicht bei Fortführung des Betriebs

aa) Forderungsbegriff des § 45 InsO

Dass der einzelnen Emissionsberechtigung ein Vermögenswert innewohnt und damit dem Vermögen des Insolvenzgläubigers zuzuordnen ist, der indes im Grundsatz nicht demjenigen des § 38 InsO entspricht, sagt noch nichts über das Schicksal der Abgabepflicht. Diese ist anhand allgemeiner insolvenzrechtlicher Kriterien einzuordnen. Die Formulierung in § 45 Satz 1 InsO, welche nur „Forderungen" umfasst, ist dabei weit auszulegen. So können beispielsweise auch Verschaffungsansprüche,[244] die Rückgewähr von Gegenständen,[245] oder auch die Rückgabe eines Grundschuldbriefes[246] unter § 45 Satz 1 InsO fallen. Allerdings wird die Umrechnung von öffentlich-rechtlichen Pflichten als „problematisch" eingestuft, wobei immer zu klären ist, ob es sich überhaupt um eine Insolvenzforderung handle.[247] Nach einer Ansicht in der Literatur soll die Abgabepflicht jedenfalls deshalb eine Insolvenzforderung darstellen, da die Insolvenzforderung aus dem Vermögen des Insolvenzschuldners beigetrieben werden kann.[248]

bb) Öffentlich-rechtliche Pflicht aus § 7 Abs. 1 TEHG könne keine Insolvenzforderung sein

Nach einer Ansicht in der Literatur handelt es sich bei der Abgabepflicht nicht um eine Forderung, die umgerechnet werden könne, sodass der Insolvenzverwalter

---

244 *Thonfeld*/K. Schmidt InsO, § 45 Rn. 4.
245 *Andres*/Nerlich/Römermann, § 45 Rn. 2.
246 *Holzer*/Kübler/Prütting/Bork, § 45 Rn. 3.
247 *Bitter*/MüKoInsO InsO, § 45 Rn. 7a.
248 *v. Wilmowsky*, EWiR 2021, 693, 694.

dieser öffentlich-rechtlichen Pflicht nachzukommen habe.[249] Die Berechtigung gehe nämlich unter, sodass die Rückgabe im Sinne von § 7 Abs. 1 TEHG bloß ein formeller Entwertungsakt sei.[250] Der Staat sei demnach kein Einzelrechtsnachfolger der abzugebenden Berechtigungen – die Forderung kann mithin nicht vollstreckt werden, da das Vermögen nicht für die Rückgabe haftet.[251] Des Weiteren wird argumentiert, dass die Gefahr bestünde, dass mehr Berechtigungen auf dem Markt verfügbar wären als die absolute Mengenbrenzung vorsieht, wenn der einzelne Betreiber der Anlage noch Berechtigungen verkaufen dürfe, sofern er schon Emissionen getätigt hat.[252] Indes habe diese Einordnung der Rückgabepflicht nicht zur Folge, dass die Rückgabepflicht als Masseforderung anzusehen sei, vielmehr sei sie durch den Insolvenzverwalter „wie außerhalb der Insolvenz zu erfüllen".[253]

cc) Diskussion

Nach dem Wortlaut handelt es sich bei § 7 Abs. 1 TEHG um die Abgabe von einer bestimmten Anzahl an Berechtigungen, wobei Abgabe dabei nicht wörtlich zu verstehen ist, sondern als Überschreibung der bestimmten Anzahl der Emissionsberechtigung auf das Konto der DeHST, die diese daraufhin löscht.[254] Zuzustimmen ist *Köhn* daher insoweit, dass die einzelne Berechtigung gelöscht wird und die Rückgabe nicht durchgesetzt werden kann. Die strenge Festlegung auf einen unmittelbaren Vermögenswert kommt beispielsweise auch bei Beseitigung eines zuvor geschaffenen störenden Zustands nach § 1004 BGB zum Tragen.[255] Dabei handelt es sich zwar vorrangig um eine Beseitigung der Eigentumsstörung, wobei überwiegend anerkannt ist, dass diese auch Vermögensbezug haben kann.[256] Folglich ist der mögliche Vermögensbezug des in Rede stehenden Rechtsverhältnisses immer anhand des Einzelfalles herauszuarbeiten.

---

249 *Köhn*, ZIP 2006, 2015, 2019 f.
250 *Köhn*, ZIP 2006, 2015, 2019.
251 *Köhn*, ZIP 2006, 2015, 2020.
252 *Köhn*, ZIP 2006, 2015, 2021.
253 *Köhn*, ZIP 2006, 2015, 2021.
254 Siehe oben unter „Abgabebegriff".
255 Nach wohl herrschender Meinung kann hier die vertretbare Handlung auch von Dritten vorgenommen werden, sodass dies einen Vermögensbezug begründet, vgl. nur *Hess*/KölnerKo InsO, § 38 Rn. 24; a.A.: auf die Unvertretbarkeit der Handlung abstellend: *Holzer*/Kübler/Prütting/Bork, § 38 Rn. 17.
256 *Hess*/KölnerKo InsO, § 38 Rn. 24 mit weiteren Nachweisen.

Der Ansicht, dass die Rückgabepflicht im TEHG keine Forderungsqualität aufweist, kann entgegengehalten werden, dass der Staat als Gläubiger auch ein Vermögensinteresse an der einzelnen Berechtigung hat.[257] Der Erlös der Berechtigungen kommt nämlich Maßnahmen zugute, die dem Klimaschutz dienen. Folglich ist nicht streng auf die Abgabe als solche zu blicken, sondern vielmehr die damit verbundenen Wirkungen einer Legitimierung des Ausstoßes durch den Erwerb von Emissionsberechtigungen. Diese Unterscheidung unterläuft auch nicht die gebotene Trennung zwischen dem Rückgabeakt als solchem und einem möglichen Folgeanspruch. Der Staat löst die Berechtigungen schlechthin nirgendwo ein, um diese in Geld umzuwandeln. Die Berechtigungen haben vielmehr einen immanenten Geldwert innewohnend, der sich durch den Erwerb der Berechtigungen beim Fiskus realisiert. Weiterhin ist der Zweck des Emissionshandels, namentlich der Anreiz zu Innovationsverbesserungen, monetär zu sehen. Der Gesetzgeber versucht gerade über finanzielle Gesichtspunkte zu steuern, dass der Klimaschutz verbessert werde, indem die Anlagenbetreiber zu Verbesserungen hinsichtlich des Treibhausgasausstoßes gebracht werden. Dies ist Ausdruck des Systems des Emissionshandels, welches ein marktwirtschaftliches auf Austausch von Vermögensgütern gerichtetes System darstellt.[258] Zusätzlich dazu wird der abgabepflichtige Anlagenbetreiber dazu angehalten,[259] sich Emissionsberechtigungen am Markt zu beschaffen. Dies ist auch nur über den Erwerb weiterer Berechtigungen möglich.

Folglich kann in der Rückgabepflicht der Emissionsberechtigungen insoweit ein Vermögensbezug gesehen werden. Indes erfüllt dieser nicht den Forderungsbegriff des § 45 InsO. Dieser wäre für das die Rückgabepflicht durchsetzende Rechtssubjekt, namentlich die Bundesrepublik Deutschland darin zu verstehen, dass die konkreten Emissionsberechtigungen einen wirtschaftlich messbaren Wert haben müssten. So könnte man den tatsächlichen wirtschaftlichen Wert am Handelsmarkt festzustellen und diesen als Grundlage für die geltend zu machende Insolvenzforderung als Ausprägung der öffentlich-rechtlichen Abgabepflicht heranziehen.[260] Allerdings birgt es erhebliche Rechtsunsicherheiten, beispielsweise welcher Stichtag heranzuziehen ist für die jeweilige Geltendmachung. Denkbar wäre der Tag des Ausstoßes als der Tag des begründenden Tatbestands. Dass nicht mehr die einzelne Tonne Treibhausgas zurückverfolgt

---

257 So auch *v. Wilmowsky*, EWiR 2021, 693, 694.
258 Vgl. oben unter „Rechtliche Grundlagen des Emissionshandels".
259 Wenn auch nicht durch Zwang: siehe oben unter „Abgabebegriff".
260 So im Ergebnis auch *Schumacher*, ZinsO 2020, 1916, 1921.

werden kann, dürfte aber insoweit einleuchtend sein. Ist es dann Sache des Staates zu entscheiden, welchen Tag er nähme? Diese Unbestimmtheit zeigt die Unvereinbarkeit des Insolvenzrechts mit dem Emissionshandelsrecht in diesem Punkt, soweit man vertreten möchte, dass die Abgabepflicht eine Forderung ist, die zur Insolvenztabelle anzumelden ist. Denkbar wäre noch andererseits den Tag der Berichtspflicht zu nehmen. Dann wäre es aber auch hier vom Zufall abhängig, ob die Tonne Treibhausgas relativ gesehen teurer oder günstiger gewesen ist als an anderen Tag, sodass die anderen Wettbewerber möglicherweise benachteiligt wären.

Nach alledem ist festzustellen, dass die Abgabeverpflichtung im Emissionshandelsrecht, jedenfalls in der geltenden Fassung, nicht Gegenstand einer Insolvenzforderung sein kann. Folglich ist das Interesse des Staates an der Abgabeverpflichtung nach hier vertretener Auffassung keine Vermögenforderung im Sinne der Insolvenzordnung und kann damit nicht zur Insolvenztabelle angemeldet werden.

d) Abgabepflicht als die Masse treffende Verpflichtung

Die Abgabepflicht könnte aber als Masseverbindlichkeit gem. § 55 InsO einzustufen sein, mit der Folge, dass die Abgabepflicht vorab zu erfüllen sei. Masseverbindlichkeiten sind privilegiert zu befriedigen.[261]

e) Unterschiede bei Entstehen der Abgabepflicht im Eröffnungs- im Vergleich zum eröffneten Verfahren

Fraglich ist die Einordnung der Abgabepflicht im Eröffnungsverfahren und im eröffneten Verfahren.[262] Dabei ist insbesondere die Rolle des vorläufigen Insolvenzverwalters in Bezug auf die Abgabepflicht gem. § 7 Abs. 1 TEHG näher zu betrachten, der in Verbindung mit dem Insolvenzgericht die Regie im Eröffnungsverfahren übernimmt. In Bezug zur oben bereits dargestellten größtenteils gleichlaufenden Betreiberstellung, ergeben sich insoweit keine Änderungen. Gleichlaufend mit der oben herausgearbeiteten Stellung des starken vorläufigen Insolvenzverwalters im Emissionshandelsrecht als Betreiber einer Anlage ergeben sich auch keine bedeutenden Unterschiede hinsichtlich der Abgabepflicht gem. § 7 Abs. 1 TEHG, da er seinerseits die Verwaltungs- und Verfügungsbefugnis übernimmt. Außerdem wirkt die Fortführung des Betriebs durch den

---

261 Überblick bei *Andres*/Nerlich/Römermann, InsO, § 55 Rn. 1 ff.
262 Zum Zulassungs- und Eröffnungsverfahren siehe *Vuia*/MüKo InsO § 80 Rn. 96 ff.

starken vorläufigen Insolvenzverwalter fort und gilt damit auch für den eigentlichen Insolvenzverwalter gem. § 55 Abs. 2 Satz 1 als Masseverbindlichkeit im Hauptverfahren. Allerdings erscheint die Tatsache, dass die Fortführung des Betriebs gem. § 22 Abs. 1 Satz 2 Nr. 2 InsO zunächst unbedingt zu erfolgen hat nicht förderlich für den Bestand der Insolvenzmasse. Dies würde für die Abgabepflicht des § 7 Abs. 1 TEHG bedeuten, dass für jeden weiteren Ausstoß Masseforderungen entstehen. Daher wird die Pflicht aus dem Emissionshandelsrecht automatisch privilegiert, sodass dies der Gläubigergleichbehandlung widerspricht. Ein Vorschlag zu einer Gesetzesänderung findet sich diesbezüglich am Ende dieser Arbeit.

f) Zwischenergebnis

Die Abgabepflicht der Emissionsberechtigungen bei Betriebsfortführung besteht in der Insolvenz schon aufgrund von § 25 Abs. 3 TEHG fort, aber nur soweit die Emissionen durch den Insolvenzverwalter als Betreiber der Anlage erfolgt sind. Dieses Ergebnis wäre auch schon bei Anwendung der Rechtslage vor Einführung des § 25 Abs. 3 TEHG der Fall gewesen. § 55 InsO ist nämlich auch ohne die Regelung des TEHG handlungsbezogen. Insoweit hat die Einführung bloß deklaratorischen Charakter. Die vor Insolvenzantrag entstandene Rückgabepflicht ist nicht als Insolvenzforderung gem. §§ 38, 45 InsO anzusehen. Auch eine Masseforderung scheidet aus. Das Insolvenzrecht und das Emissionshandelsrecht sind daher an dieser Stelle nicht in Einklang zu bringen, soweit man die Ziele des Emissionshandelsrechts als übergeordnet ansieht. In der Tat erscheint dieses Ergebnis auf die Kardinalpflicht des Emissionshandelsrechts bezogen, namentlich die Abgabepflicht aus § 7 TEHG, als unbefriedigend. Daher wird am Ende der Arbeit ein Vorschlag zur Neufassung des Gesetzes unterbreitet, um etwaigen Rechtsunsicherheiten entgegenzuwirken und beiden Rechtsregimen eine.

5. Entfallen der Abgabepflicht aufgrund der Freigabe des Grundstücks durch Insolvenzverwalter aufgrund eines auf Abwicklung gerichteten Planinsolvenzverfahrens

Denkbar ist eine Freigabe des Grundstücks, auf welchem sich die Anlage befindet, aus der Insolvenzmasse, wenn sich dies für die Masse als vorzugswürdig erweisen sollte.[263] Die Abgabepflicht des Emissionshandelsrechts ist eine

---

263 Zur Freigabe vgl. insb. *Holzer*/Kübler/Prütting/Bork, § 35 Rn. 21 ff.

anlagenbezogene Pflicht.[264] Breit diskutiert wird die Problematik der Freigabe-möglichkeit eines Grundstücks auch innerhalb der Altlastenbeseitigung im Ord-nungsrecht, insbesondere bei kontaminierten Grundstücken. Kernfrage ist dabei, ob sich durch eine Freigabe eines Grundstücks aus der Haftung gezogen werden darf und möglicherweise der Staat (und damit der Steuerzahler) für die Altlast aufkommen soll.[265] Wie oben bereits eingehend dargestellt, handelt es sich im Emissionshandelsrecht aber um unterschiedliche Regelungszwecke. Es ist daher auch hier allgemein zu fragen, ob Regelungen der Freigabe entgegenstehen.

Diese Freigabe verhindernde Regelungen sind nicht ersichtlich. Vielmehr steht es dem Insolvenzverwalter nach allgemeinen Regeln frei, auch Sachen aus dem Eigentum der Gesellschaft zu entfernen, soweit das für die Gläubigerbefrie-digung zuträglich ist.[266]

Es entfallen außerdem keine Kosten auf die öffentliche Hand, wenn das Grundstück freigegeben wird. Die zu kompensierenden Emissionen sind im Zweifel bereits getätigt und die anlagenbezogenen Berechtigungen als masse-anreicherndes Element gehen auch mit der Freigabe der Anlage verloren, sodass kein Vorteil diesbezüglich entstünde, soweit die Insolvenzmasse geschmälert wird. Außerdem dürfte sich die Freigabe des Grundstücks auch in anderer Weise als masseschädigend auswirken, zumal die Anlage dann nicht mehr genutzt wer-den dürfte, sodass der Insolvenzverwalter dies wohl nur in Ausnahmefällen tat-sächlich in Betracht zieht. Es gilt ohnehin: Soweit der Betrieb weitergeführt wird, ist eine Freigabe nicht mehr möglich, da eigene emissionshandelsrechtliche Pflichten im jeweiligen Umfang für die Masse gem. § 55 Abs. 1 Nr. 1 InsO entste-hen. Eine in der Literatur vertretene Ansicht möchte dennoch die vorangegan-genen Pflichten dem letzten Betreiber der Anlage übertragen.[267] Dies allerdings ohne insoweit zu prüfen, inwieweit insolvenzrechtliche Spezialregelungen gegen eine solche Anwendung sprechen würden. Nach hier vertretener Auffassung fehlt nämlich auch dafür der entsprechende Tatbestand im Insolvenzrecht, der nach derzeitiger Rechtslage Masseforderungen nur im Rahmen des § 55 InsO für zulässig erachtet. Allerdings fehlt auch dafür ein Tatbestand. Insoweit ist nicht

---

264 Vgl. statt vieler *Fleckner*/Hoffmann/Fleckner/Budde, § 25 Rn. 5.
265 Herrschende Ansicht wohl für eine Zulässigkeit im Abfallrecht: vgl. *Vuia*/MüKo InsO, § 80 Rn. 142 mit weiteren Nachweisen; sehr kritisch bezüglich dieser Möglichkeit und einer etwaigen Haftungsentziehung: *K. Schmidt*, NJW 2010, 1489; *ders.*, NJW 2012, 3334.
266 Vgl. mit einem Überblick zu Altlasten: *Hefermehl*/MüKoInsO, InsO, § 55 Rn. 105 ff.
267 *Schumacher*, ZinsO 2020, 1916, 1921.

bei Fehlen eines Tatbestands davon auszugehen, dass dadurch gleichsam der vorherige Inhaber Verpflichteter ist, denn die Abgabepflicht ist anlagenbezogen. Soweit die Anlage nun nicht mehr im Eigentum desjenigen steht, der vormals abgabepflichtig war, ist derjenige auch nicht mehr Betreiber einer emissionshandelspflichtigen Anlage gemäß § 3 Nr. 2 TEHG.[268] Zuzustimmen ist Schumacher indes insoweit als das Ergebnis nicht wettbewerbskonform ist, indem derjenige einer Abgabepflicht frei wird, der Insolvenz anmeldet. Allerdings ist dies auch über eine vorzunehmende Gesetzesnovellierung zu lösen, in der ein Ausgleich der unterschiedlichen Gesetzessystematiken geschaffen werden muss.

6. Entfallen der Abgabepflicht bei einem Verkauf des Grundstücks an einen Dritten?

Die Abgabepflicht des Emissionshandelsrecht ist eine anlagenbezogene Pflicht,[269] daher gehen nach einer durch das Verwaltungsgericht Berlin vertretenen Auffassung die Pflichten gem. § 25 Abs. 1 Satz 2 TEHG auf den neuen Betreiber der Anlage, folglich den neuen Eigentümer über.[270] Daher ist immer einzelfallbezogen durch den Insolvenzverwalter zu bewerten, ob ein Verkauf der Anlage vorteilhaft für die Insolvenzmasse ist.

a) Ansicht des VG Berlin: Keine Ausnahme wegen insolvenzrechtlicher Besonderheiten und Auseinandersetzung

Der erstgenannten Ansicht ist entgegenzuhalten, dass der in § 25 TEHG normierte Tatbestand keine eingegangene Verbindlichkeit zum Gegenstand hat, sondern ein der Anlage anhaftende Verpflichtung übertragen lässt, die ihren Ursprung im europäischen Recht hat. Daher wird die Schuldübernahme durch das öffentliche Recht modifiziert. Daher ist die Annahme, dass § 25 HGB gleiche Rechtswirkungen entfalte nicht ohne Weiteres übertragbar. Anhand des oben genannten Zwecks des Emissionshandelsrechts spricht mehr für die Auffassung des VG Berlin. Nach hier vertretener Auffassung gibt es indes keinen Vorrang des Emissionshandels- oder des Insolvenzrechts wie teilweise befürwortet wird, sondern ein nebeneinander, welches jedenfalls in Deutschland durch das Insolvenzrecht als Prozessrecht gestaltet wird. Insoweit ist dem Gericht zuzustimmen, dass nach derzeitiger Rechtslage auch Altverbindlichkeiten durch den Erwerber

---

268 Siehe dazu schon oben „Insolvenzverwalter als Anlagenbetreiber".
269 Vgl. statt vieler *Fleckner*/Hoffmann/Fleckner/Budde, § 25 Rn. 5.
270 VG Berlin, Urteil vom 1.7.2021 – 10 K 501.19, ZIP 2021, 1932.

zu entrichten sind, da er in die öffentlich-rechtliche Abgabepflicht eintritt. Diese Klarstellung sollte jedoch durch eine gesetzliche Regelung zu gewährleisten sein. Indes hätte das VG Berlin hier wohl eine Vorlagefrage beim EuGH stellen sollen, um das Verhältnis zwischen Insolvenzrecht und Europarecht zu stellen. Dies hat es ausdrücklich nicht getan: „Nach den obigen Ausführungen und auch mit Blick auf die Entscheidung des EuGH in der Rs C-580/14 vom 17.12.2015 sieht die Kammer keinen Anlass, die Sache an den EuGH zur Vorabentscheidung vorzulegen."[271]

II. Berichtspflicht nach § 5 TEHG

Der Betreiber einer Anlage hat gem. § 5 Abs. 1 TEHG die durch seine Tätigkeit in einem Kalenderjahr verursachten Emission nach Maßgabe des Anhangs 2 Teil 2 zu ermitteln und der zuständigen Behörde bis zum 31. März des Folgejahres die Emissionen zu berichten. In § 5 Abs. 2 TEHG ist geregelt, dass die Angaben von einer Prüfstelle nach § 21 TEHG verifiziert worden sein müssen. Die Berichtspflicht betrifft gesondert jede emissionshandelspflichtige Anlage, allerdings kann gem. § 24 TEHG ein Antrag dahingehend gestellt werden, dass Anlagen als einheitliche Anlage anzusehen sind und daraufhin ein gemeinsamer Bericht abgegeben werden darf.[272] Der Vermögensbezug bei der Erstellung des Emissionsberichts gem. § 5 Abs. 1 TEHG ist bei der Kontrolle der sachgemäß durchgeführten emissionshandelspflichtigen Abgabepflicht durch den Anlagenbetreibers gegeben. Im Rahmen einer Betriebsfortführung ergibt sich die Pflicht auch schon aus § 25 Abs. 3 Satz 2 TEHG.

---

271 VG Berlin, Urteil vom 1.7.2021 – 10 K 501.19, ZIP 2021, 1932, 1935.
272 *Fleckner*/Hoffmann/Fleckner/Budde, § 5 Rn. 7 f.

F. Die Sanktion des § 30 TEHG in der Insolvenz des Anlagenbetreibers

Kommt der Betreiber der Abgabepflicht nicht nach, so setzt die zuständige Behörde gem. § 30 Abs. 1 TEHG eine Zahlungspflicht von 100 € pro emittierte Tonne Kohlendioxidäquivalent fest. Daher stellt sich die Frage, wie die Sanktion in der Insolvenz zu behandeln ist.

1. Einordnung der Sanktion in das System der Strafen und Bußgelder

Die Zahlungspflicht ist dabei nicht als Sanktion in Form eines Bußgelds gemäß dem deutschen Ordnungswidrigkeitenrecht anzusehen.[273] Vielmehr handelt es sich dabei um eine dem Art. 16 Abs. 2 der Richtlinie 2003/87/EG entnommene Sanktion sui generis, die in jedem Mitgliedstaat unabhängig von den jeweiligen Verwaltungs- und Strafvorschriften einheitlich gestaltet werden sollte.[274] Sie wird insoweit auch als „präventive Verwaltungsmaßnahme" bezeichnet.[275] Eine Besonderheit ist hier, dass der Verwaltungszwang keine Anwendung finden soll, was insbesondere mit dem Entfallen der Abgabepflicht bei Festsetzung eines Zwangsgeldes zusammenhängt.[276] Besonders herauszustellen ist, dass Sanktionen im Emissionshandelsrecht auch verhängt werden kann, wenn der Abgabepflichtige sich in gutem Glauben befindet. Insoweit hat die der EuGH in einer Entscheidung zur fehlerhaften Abgabe eines Emissionsberichts festgestellt, dass Gutgläubigkeit bezüglich des ausgefüllten Berichts unerheblich ist.[277]

2. Vor der Verfahrenseröffnung entstandene Sanktion

Bei der Behandlung von Strafzahlungen und damit insbesondere Bußgelder ergeben sich keine Besonderheiten in Form von Spannungsfeldern zwischen Emissionshandels- und Insolvenzrecht. Die Strafe sui generis aus dem TEHG wird begründet, wenn zum Stichtag nicht die notwendige Anzahl der Berechtigungen

---

273 *Frenz*/Frenz, Emissionshandelsrecht, § 30 Rn. 11.
274 Siehe dazu im Detail *Fleckner*/Hoffmann/Fleckner/Budde, § 30 Rn. 1 f.
275 *Fleckner*/Hoffmann/Fleckner/Budde, § 30 Rn. 3.
276 *Frenz*/Frenz, Emissionshandelsrecht, § 30 Rn. 23.
277 EuGH, Urteil vom 29.4.2015 – C-148/14 – Nordzucker.

abgegeben wird und nicht etwa, wenn am Tag des Ausstoßes nicht die jeweilige Berechtigung vorliegt.[278] Die Strafe trifft insoweit das jeweilige Rechtssubjekt, in dessen Eigentum die emissionshandelspflichtige Anlage steht. Der Staat wird allerdings als nachrangiger Insolvenzgläubiger eingeordnet gem. § 39 Abs. 1 Nr. 3 InsO, obwohl die Strafe nach § 30 TEHG nicht ausdrücklich aufgeführt ist, ergibt sich das aus dem Sinn und Zweck der Norm. Demnach sollen jegliche staatliche Sanktionen als nachrangige Insolvenzgläubiger behandelt werden.[279]

3. Nach Verfahrenseröffnung entstandene Sanktion

Die nach der Verfahrenseröffnung entstandene Sanktion ist als Masseforderung zu behandeln, da es sich um eine Handlung des Insolvenzverwalters gem. § 55 Abs. 1 Nr. 1 InsO handelt. Als Ausdruck der anlagenbezogenen Ausprägung des Emissionshandels und damit einhergehenden Gestaltung der Sanktion begründet der Insolvenzverwalter indes keine ihn persönlich treffende Sanktion.

---

278 Siehe dazu oben „Sanktion bei nicht rechtzeitiger Abgabe gem. § 30 TEHG".
279 *Bäuerle*/Braun, InsO § 39 Rn. 13.

G. Die Auswirkung der Insolvenz des Anlagenbetreibers auf die Erwerbstatbestände des Emissionshandelsrechts

I. Ersterwerb der Emissionsberechtigungen

1. Entgeltlicher Ersterwerb unter Wettbewerbsbedingungen

Die Versteigerung der Emissionsberechtigungen ist in § 8 TEHG vorgesehen, wenngleich das eigentliche Verfahren in der Verordnung 1031/2010/EU[280] in der jeweils geltenden Fassung geregelt ist. Dabei verläuft die Versteigerung im Wege eines geheimen Bieterverfahrens, in dem der in der Versteigerung zustande kommende Preis im Wege des sog. Einheitspreisverfahrens gem. Erwägungsgrund 17 der VO 1031/2010/EU erfolgt.[281]

Es soll nicht unerwähnt bleiben, dass gegen diese Art der Zuteilung mehrfach Kritik geäußert worden ist. So wurde argumentiert, dass der Markt gerade dafür sorge, dass das Emissionshandelsrecht funktioniere und der Staat daher nicht weitere Berechtigungen neben den bereits kostenlos Zugeteilten verkaufen dürfe, gleichsam alle Emissionsberechtigungen kostenlos zugeteilt werden sollten.[282] An anderer Stelle wird argumentiert, dass das System an sich zwar zulässig ist, aber die Versteigerung von Zertifikaten nicht verhältnismäßig ausgestaltet sei, da die Vergabe zum festen Stückpreis ein gleich geeignetes, aber milderes Mittel darstelle.[283]

---

280 Verordnung (EU) Nr. 1031/2010 der Kommission vom 12. November 2010 über den zeitlichen und administrativen Ablauf sowie sonstige Aspekte der Versteigerung von Treibhausgasemissionszertifikaten gemäß der Richtlinie 2003/87/EG des Europäischen Parlaments und des Rates über ein System für den Handel mit Treibhausgasemissionszertifikaten in der Gemeinschaft Text von Bedeutung für den EWR.

281 Vertiefere Darstellung zum Ganzen bei *Ehrmann*/Berliner Kommentar, § 8 TEHG Rn. 14 ff.

282 *Burgi/Selmer*, Verfassungswidrigkeit einer entgeltlichen Zuteilung.

283 *Nawrath*, Emissionszertifikate und Finanzverfassung, S. 143 ff.

Allerdings dürfte diese Kritik wohl aufgrund eines Urteils des Bundesverfassungsgerichts, welches die Verfassungsmäßigkeit der Versteigerungen von Emissionsberechtigungen für zulässig erachtete, seitdem verstummen.[284]

2. Unentgeltliche Zuteilung in Form eines begünstigenden Verwaltungsakts als wettbewerbsfremde Ausgestaltung

Die Anlagenbetreiber erhalten gem. § 9 Abs. 1 TEHG eine Zuteilung von kostenlosen Berechtigungen nach Maßgabe einer nach Art. 10a Abs. 1 Satz 1 der Richtlinie 2003/87/EG erlassenen Verordnung der Kommission. Das TEHG verweist damit auf die unionsrechtlichen Zuteilungspläne, die für die jeweiligen Bereiche erlassen werden.[285]

Zu Beginn der Einführung des Emissionshandelssystems stand in den ersten beiden Handelsperioden die beihilferechtliche Zulässigkeit in Frage,[286] allerdings hat sich diese Problematik erledigt, da seit der dritten Handelsperiode eine gemeinschaftsweite Zuteilung durchgeführt wird und eine Maßnahme der EU nicht den Tatbestand einer Beihilfe im Sinne von Art. 107 AEUV erfüllen kann. Außerdem hat das BVerfG entschieden, dass die weitere Kürzung kostenloser Emissionsberechtigungen verfassungsgemäß ist, sodass die Ausgestaltung des Emissionshandels in der derzeitigen Form auch in diesem Bereich als verfassungsgemäß bezeichnet werden kann.[287]

Dass diese Pläne nicht konterkariert werden dürfen, wurde insbesondere durch die Entscheidung klargestellt, welche den inzwischen in der vierten Handelsperiode aufgehobenen § 9 Abs. 5 TEHG 2012 betraf.[288] Der deutsche Gesetzgeber hatte aufgrund von Verhältnismäßigkeitsbedenken eine Norm eingeführt, die vorsah, dass Emissionszertifikate aufgrund von Einzelfällen „unzumutbarer Härte" kostenlos zugeteilt werden können.[289] Demnach ist eine einzelfallbasierte Regelung – wie die deutsche Regelung betreffend den Härtefallantrag – mit dem

---

284 BverfG, Beschl. v. 5.3.2018, 1 BvR 2864/13; dazu die Anmerkung von *Ehrmann,* NVwZ 2018, 972.

285 Vertiefte Darstellung bei *Zenke/Vollmer/*Theobald/Kühling, Umweltrecht/Klimarecht 118. Emissionshandel, Rn. 169 ff.

286 *Ismer,* Klimaschutz als Rechtsproblem, S. 153 ff.

287 BVerfG, Beschl. v. 5.3.2018 – 1 BvR 2864/13.

288 EuGH, v. 22. Juni 2016, RS-C-540/14 – DK Recycling.

289 Der ursprüngliche Gesetzesentwurf zum TEHG 2003 sah zwar keine Härtefallregelung vor, aber vgl. dazu die spätere Beschlussempfehlung des Umweltausschusses in BT-Drs. 17/6124 v. 8.6.2011, S. 13.

einheitlichen und objektivierten Ansatz innerhalb der sektorbasierten, kostenlosen Zuteilung von Emissionszertifikaten zu vereinbaren.[290] Die spezifische Situation einer einzelnen Anlage dürfe nach Auffassung des EuGH nicht dafür sorgen, dass die objektiven, vollständig harmonisierten Zuteilungsregeln unterlaufen werden und daher Wettbewerbsverzerrungen entstehen, die die Grundsätze des Emissionshandelsrechts aushebeln.[291] Wie es sich hinsichtlich der ursprünglichen Verhältnismäßigkeitsbedenken eines rein objektivierten Ansatzes des deutschen Gesetzgebers für die Zuteilung insgesamt verhält, hatte der EuGH jedoch aus prozessualen Gründen nicht zu entscheiden.[292] Eine kostenlose Härtefallzuteilung ist jedoch auch in der vierten Handelsperiode vonseiten der EU nicht vorgesehen, sodass dieser Einwand vorerst geklärt ist.

Innerhalb einer neueren Entscheidung des EuGH, die die Frage zum Gegenstand hatte, ob kostenlos zugeteilte Emissionsberechtigungen zurückgegeben werden müssen, wenn ein Luftverkehrsunternehmen seinen Betrieb wegen der Insolvenz eingestellt hat, hat der EuGH entschieden, dass Voraussetzungen für die Fortwirkung der Entscheidung ist, dass der ein Luftverkehrsunternehmen seine Tätigkeit auch tatsächlich ausübe.[293] Insoweit bestehe auch kein Vertrauensschutz, da die jeweilige Tätigkeit ausdrücklich innerhalb der Richtlinie benannt sei und keine begründete Erwartung geweckt worden sein kann, dass eine kostenlose Zuteilung auch außerhalb der tatsächlichen Ausübung erfolgen könne.[294] Eine ausdrückliche Auseinandersetzung mit dem Verhältnis zwischen Insolvenzrecht und Emissionshandelsrecht findet sich in der Entscheidung indes nicht. Es wird lediglich festgestellt, dass ein Vermögenswert der einzelnen Berechtigung nicht gegeben ist, soweit die Tätigkeit als Luftverkehrsunternehmen solche nicht mehr ausgeübt wird.[295] Freilich ist aufgrund des Anwendungsvorrangs die Festlegung des EuGH für derartige Fälle bindend.

3. Ausgabe der Emissionsberechtigungen

Die Ausgabe der zugeteilten Berechtigungen erfolgt gem. § 14 Abs. 1 TEHG bis zum 28. Februar eines Jahres, für das die Berechtigungen abzugeben sind. Dies

---

290 So auch schon der Generalanwalt, Schlussantrag Rn. 56, 62 f.
291 EuGH, v. 22. Juni 2016, RS-C-540/14 – DK Recycling, Rn. 52 ff., insb. Rn. 55.
292 Siehe dazu auch EuGH, v. 22. Juni 2016, RS-C-540/14 – DK Recycling, Anm. v. *Ehrmann*, NVwZ 2017, 541, 545.
293 EuGH, v. 20. Juni 2022, RS-C-165/20.
294 EuGH, v. 20. Juni 2022, RS-C-165/20, Rn. 50 ff.
295 So auch *Cranshaw*; ZRI 2022, 345, 353.

ist die Umsetzung des Art. 11 Abs. 2 der Richtlinie 2003/87/EG für die Anlagenemissionen; für Luftverkehrsberechtigungen findet sich die Grundlage in Art. 3e
Abs. 5 der Richtlinie 2003/87/EG.

Der rechtliche Vorgang der Ausgabe wird durch den Gesetzgeber nicht
definiert, kann aber als Gutschrift der zugeteilten Berechtigungen verstanden
werden.[296] Folglich ist die Ausgabe der in der Entscheidung der Zuteilung sich
widerspiegelnde Realakt[297] und damit der rechtliche Akt, der notwendig ist,
damit der Inhaber des jeweiligen Kontos die Verfügungsgewalt über das einzelne
Emissionszertifikat erhält.

Terminologisch ist vom Gesetzgeber der Begriff Ausgabe und nicht Übertragung richtigerweise vorgesehen, da die rechtsgeschäftliche Einigung fehlt, welche für eine Übertragung im Sinne des Emissionshandelsrechts notwendig ist.[298]

4. Zwischenergebnis im Lichte des Insolvenzrechts

Die Versteigerung der Emissionsberechtigungen ist somit Ausprägung des
Elements der Preisbildung am Markt und damit ein weiterer marktwirtschaftlicher Ansatz innerhalb des Emissionshandelssystems. Die kostenlose Zuteilung hat den Zweck, dass emissionshohe Geschäftsfelder nicht in Bereiche der
Welt abwandern, in denen ein weniger strenges Rechtsregime hinsichtlich des
CO_2-Ausstoßes zu finden ist. Allerdings ist festzuhalten, dass auch die Bench-
mark-Werte der kostenlosen Zuteilung ihrerseits einer fortlaufenden Kürzung
unterliegen. Demzufolge ist auch in diesem Teilbereich des Emissionshandels
die Wertung zu finden, dass klimaschutzfördernde Maßnahmen an den Anlagen
durchgeführt werden sollen, sodass mit der kostenlosen Zuteilung kein Freibrief
für ungehemmten Treibhausgasausstoß ausgestellt wird.

Daher liegt in der kostenlosen Zuteilung keine Kompensation im engeren Sinne, die eine gänzliche Vermeidung von Verbesserungsmaßnahmen
entschädigen soll.

Der Ersterwerb der Emissionsberechtigungen im Emissionshandel betrifft die
öffentlich-rechtlich ausgestaltete Seite der Erwerbstatbestände. Die insolvenzrechtliche Behandlung der Versteigerungen und den damit einhergehenden Ter-
mingeschäften des Ersterwerbs richtet sich nach § 104 Abs. 1 Satz 3 Nr. 2 InsO,
welcher besagt, dass bei Finanzinstrumenten, die einen Markt- oder Börsenpreis

---

296 *Ehrmann*/Berliner Kommentar, TEHG § 14 Rn. 3.
297 *Frenz*/Frenz, § 14 TEHG Rn. 1; *Fleckner*/Hoffmann/Fleckner/Budde, § 14 TEHG
     Rn. 1; *Schweer/v. Hammerstein*, § 9 TEHG Rn. 29.
298 Zum Ganzen auch Pardon, S. 104.

haben, nicht Erfüllung, sondern nur eine Forderung wegen Nichterfüllung durch den Insolvenzverwalter geltend gemacht werden kann.[299] Zweck dieser Vorschrift ist die mögliche Ausnutzung eines möglicherweise günstigen Börsenkurses und damit der Schutz des Vertragspartners.[300] Bei der Versteigerung der Emissionsberechtigungen ist die öffentliche Hand als Ausrichter der Versteigerung anzusehen; mithin wäre sie die Geschädigte.

II. Der Übertragungsakt zwischen Handelsteilnehmern des Emissionshandels gem. § 7 Abs. 3 TEHG (Zweiterwerb)

Die Übertragung der Emissionsberechtigungen setzt gem. § 7 Abs. 3 TEHG im Gesetzeswortlaut eine Einigung und die Eintragung auf dem Konto des Erwerbers im Emissionshandelsregister gem. § 17 voraus. Dies ist auch den denkbar knapp gehaltenen europarechtlichen Rahmenbedingungen durch die Emissionshandelsrichtlinie geschuldet.[301] Außerdem lassen sich aus der von der Kommission herausgegebenen Mitteilung zur Rechtsnatur der Emissionszertifikate in den Mitgliedstaaten keine Schlüsse ziehen, inwieweit der Übertragungstatbestand der Emissionsberechtigungen konkretisiert werden könnte.[302]

Was dieser Tatbestand zur Vollziehung des Zweiterwerbs folglich im Einzelnen bedeutet und welche Probleme dies mit sich bringt, wird der Klärung durch Literatur und Rechtsprechung überlassen.

1. Handelsmarkt

Der Emissionshandel findet seine Ausprägung im staatlicherseits geschaffenen Handelsmarkt.[303] Dabei können die Berechtigungen sowohl direkt zwischen den Vertragsparteien als auch über Dritte[304] angeboten und erworben werden.[305] Außerdem können die Emissionsberechtigungen an verschiedenen Börsen erworben werden – so ist in Deutschland der Spotmarkt an der EEX, mit Sitz

---

299 Vgl. dazu *Fried*/MüKo InsO, § 104 Rn. 128.

300 *Kroth*/Braun InsO, § 104 Rn. 1.

301 Siehe oben unter „Bezeichnung als Zertifikat oder Berechtigung".

302 Europäische Kommission, Legal nature of allowances (final report), S. 136 – heißt es lediglich: „Verfügungsgeschäft bedeutet".

303 Zur Bedeutung des Marktes im Sinne von Primär- und Sekundärmarkt im Emissionshandelsrecht vgl. *v. Detten*, Sekundärmarkt im Emissionsrechtehandel, S. 83 ff.

304 Zum außerbörslichen Emissionsrechtehandel über Broker und Handelsplattformen vgl. *v. Detten*, Sekundärmarkt im Emissionsrechtehandel, S. 128 ff.

305 Dazu: *Weinreich*/Landmann/Rohmer UmweltR, § 7 TEHG Rn. 34.

in Leipzig, der größte Handelsmarkt für Emissionsberechtigungen.[306] Die europaweite Ausgestaltung des Handelsmarktes führt dazu, dass es eine Vielzahl an unterschiedlichen Vertragsvorlagen hinsichtlich der Übertragung der EU-Emissionszertifikate als Vorlage ausgegeben, werden um den Handel zu erleichtern.[307]

2. Verpflichtungsgeschäft

Das Verpflichtungsgeschäft beim Handel[308] mit Berechtigungen wird nach allgemeiner Auffassung als zivilrechtlich klassifiziert und ist im Wege eines Rechtskauf gem. § 453 BGB zu vollziehen.[309] Dass der Kaufgegenstand dem öffentlichen Recht zuzuordnen ist, ist dabei unschädlich, da allgemein anerkannt ist, dass auch öffentlich-rechtliche Berechtigungen Gegenstand eines Rechtskaufs sein können.[310]

Dieser Einordnung ist zuzustimmen. Die am Emissionshandel teilnehmenden Akteure sind im Gegensatz zur staatlichen Stelle, die den Ersterwerb der Emissionsberechtigungen ausgestaltet, nicht befugt im Wege eines staatlichen Aktes Emissionszertifikate zuzuteilen oder von staatlicher Seite eine Zuteilung in Form eines begünstigenden Verwaltungsakts gegenüber Dritten zu verlangen. Zwischen Privatrechtssubjekten ist vielmehr der zivilrechtliche Vertrag das Instrument gegenseitige Verpflichtungen zu begründen, wobei bei Übertragungen von Rechten der Rechtskauf gem. § 453 BGB das einschlägige besondere Schuldverhältnis ist, sodass die Vorschriften über den Kauf von Sachen gem. § 453 Abs. 1 BGB entsprechende Anwendung finden.

Mithin sind Mängelgewährleistungsansprüche auch anhand der für den Kaufvertrag einschlägigen Normen geltend zu machen.

---

306 Zum Handelsmarkt und zum Großteil öffentlich-rechtlichen Ausformung des Spotmarkts der EEX, mit einem Plädoyer für eine Umstellung auf einen gänzlich privaten Handelsmarkt, insb. zum Schutz von kleinen und mittleren Unternehmen: *Bauer*, Emissionshandelsmarkt, S. 220.

307 Siehe zu den Vertragsvorlagen *Zenke/Telschow*/Zenke/Schäfer, § 8 Rn. 54 f.

308 Zu denkbaren Alternativen hinsichtlich etwaiger Verpflichtungsgeschäfte vgl. *Ates*, S. 93 mit weiteren Nachweisen.

309 Vgl. *Fleckner*/Hoffmann/Fleckner/Budde, § 7 TEHG Rn. 14 allerdings mit Zweifeln anbringend; *Weinreich*/Landmann/Rohmer UmweltR, § 7 TEHG Rn. 32 ff.; *Frenz*/Frenz, Emissionshandelsrecht, § 7 TEHG Rn. 52; *Schweer/von Hammerstein*, TEHG, § 16 Rn. 2; *Körner/v. Schweinitz*/Körner/Vierhaus, TEHG, § 16, Rn. 27; *Wagner*, ZBB 2003, 409, 420.

310 *Weidenkaff*/Grüneberg, § 453 Rn. 4.

3. Erfüllungsgeschäft

Streitig ist hingegen die Einordnung der Rechtsnatur des Erfüllungsgeschäfts bei der Übertragung von Zertifikaten auf ein anderes Registerkonto.

Eine Ansicht geht davon aus, dass es sich dabei um einen öffentlich-rechtlichen Vertrag zwischen zwei Privaten handeln müsse.[311] Dagegen werden von mancher Seite zumindest Zweifel entgegengebracht, soweit allein die Handelsteilnehmer betrachtet werden.[312] Wieder andere Stimmen sehen das Verfügungsgeschäft als gänzlich dem Zivilrecht zugehörend an, weil die Einigung zwischen den Privaten zivilrechtlich und aufgrund des Gesetzeswortlautes sowie der Gesetzesbegründung konstitutiv und damit verfügungsbegründend sei.[313]

Einigkeit herrscht lediglich bezüglich der Eintragung der Berechtigungen auf dem Konto des Erwerbers im Emissionshandelsregister nach § 17 TEHG als konstitutives Element für die Rechtsübertragung.[314] Wobei sich dies auch schon ausdrücklich aus dem Wortlaut ergeben dürfte. Außerdem erkennt die Gesetzesbegründung die Eintragung als entscheidendes Element an.[315]

Folglich ist Ausgangspunkt aller Argumentationsstränge der zweigliedrige Tatbestand in § 7 Abs. 3 TEHG, bestehend aus Einigung der Vertragsparteien, dass die Emissionsberechtigungen ihren Zuweisungsberechtigten verändern sollen und die Eintragung in das Emissionshandelsregister nach Mitteilung des Übertragenden an die registerführende Stelle.

a) Erfüllungsgeschäfte und Verfügungen im Allgemeinen

Ein Erfüllungsgeschäft ist das Rechtsgeschäft, welches die Erfüllung der Verbindlichkeit des ihm zugrundeliegenden Verpflichtungsgeschäfts zum Gegenstand hat. Dabei ist eine Verfügung die unmittelbare Aufhebung, Übertragung, Belastung, Begründung oder Änderung eines (materiellen) Rechts in Erfüllung einer zugrundeliegenden Verpflichtung.[316]

---

311 *Fleckner*/Hoffmann/Fleckner/Budde, § 7 TEHG Rn. 14; *Weinreich*/Landmann/Rohmer UmweltR, § 7 Rn. 37; *Frenz*/Frenz, Emissionshandelsrecht, § 7 TEHG Rn. 42 ff.

312 *Frenz/Theuer*/Frenz, § 3 Rn. 11.

313 *Schweer/v. Hammerstein*, § 16 Rn. 6.

314 Vgl. *Frenz*/Frenz § 7 Rn. 58; *Fleckner*/Hoffmann/Fleckner/Budde, § 7 TEHG Rn. 14; *Schweer/v. Hammerstein*, § 16 Rn. 4; *Körner/v. Schweinitz*/Körner/Vierhaus, § 16 Rn. 23; *Wagner*, ZBB 2003, 409, 414; *Ehricke/Köhn*, WM 2004, 1903, 1910.

315 BT-Drs. 15/2328, S. 15.

316 Vgl. dazu: *Oechsler*/MüKoBGB, 8. Aufl. 2020, BGB § 929 Rn. 22

b) Meinungsstand bei der Übertragung von Emissionsberechtigungen nach § 7 Abs. 3 TEHG

Eine herrschende Meinung hinsichtlich des Übertragungstatbestands der Emissionsberechtigungen lässt sich nicht ohne Zweifel herausbilden, zumal die jeweiligen Vertreter ihrer Ansichten sich selbst als der herrschenden Meinung zugehörig einordnen. So schreibt beispielsweise *Fleckner*, dass „nach überwiegender Ansicht ein öffentlich-rechtlicher Vertrag gemäß § 54 VwVfG zugrunde[liegt]",[317] während Pardon konstatiert, dass „die privatrechtliche Einordnung des Verfügungsgeschäfts in der Literatur [überwiegt]".[318]

Wieder andere setzen sich mit dem Meinungsstand nicht vertieft auseinander und stellen lediglich fest: „Nach vielfach vertretener Ansicht soll es sich bei der Übertragung der Berechtigungen um einen öffentlich-rechtlichen Vertrag nach § 54 VwVfG handeln, da mit der Übertragung über öffentlich-rechtliche Rechtspositionen verfügt werde"[319] – oder an anderer Stelle: „Die Übertragung von Berechtigungen ist wohl als öffentlich-rechtlicher Vertrag gemäß § 54 VwVfG einzuordnen, [...]."[320]

Daher ist eine Auseinandersetzung mit den divergierenden Ansichten erforderlich, um dies für die Einordnung der Pflichten im Insolvenzverfahren anhand des festgestellten Ergebnisses nutzbar machen zu können.

aa) Zivilrechtliches Erfüllungsgeschäft

Verfechter der Einordnung der Emissionsberechtigungen als privatrechtliche Nutzungsrechte sehen in konsequenter Anwendung dieser Einordnung keine Probleme bei der Rechtsnatur des Erfüllungsgeschäft als ein ebenso privatrechtliches, zumal – nach dieser Auffassung – der öffentlich-rechtliche Bezug im Rahmen des Handelsverkehrs ohnehin insgesamt zurücktrete.[321]

Es ist allerdings allgemein zum Verständnis der Einordnung festzuhalten, dass subjektiv-öffentliche Rechte auch andere Rechte im Sinne des § 413 BGB sein können und daher grundsätzlich zivilrechtlich auf einen anderen Inhaber übertragen werden könnten, wobei die Besonderheiten der Ausgestaltung des in

---

317 *Fleckner*/Hoffmann/Fleckner/Budde § 7 TEHG Rn. 14.

318 *Pardon*, Fn. 38 auf S. 113.

319 *Ehrmann*/Berliner Kommentar, § 7 TEHG Rn. 19.

320 *Weinreich*/Landmann/Rohmer UmweltR, § 7 TEHG Rn. 37.

321 Siehe oben unter „Privatrechtliche Rechtsnatur der Emissionsberechtigungen"; Vgl. *Ehricke*, WM 2008, 1333, 1336 mit weiteren Nachweisen auch bzgl. der Einordnung als privatrechtliches Nutzungsrecht.

Rede stehenden öffentlichen Rechts zu beachten sind, einschließlich der etwaigen vorrangigen Spezialregelungen.[322] Folglich könnten auch Emissionsberechtigungen als andere Rechte Sinne des § 413 BGB übertragen werden, soweit man den Übertragungstatbestand insgesamt zivilrechtlich einordnete.

Die in § 413 BGB genannte Besonderheit der speziellen Übertragungsvoraussetzungen sei dabei aus der jeweils einschlägigen öffentlich-rechtlichen Norm – namentlich § 7 Abs. 3 TEHG für den Emissionshandel zu ziehen.[323] Wobei teilweise die Regelung des § 7 Abs. 3 TEHG nicht als Spezialnorm, sondern als eine Modifikation der Grundnormen aus §§ 413, 398 BGB angesehen wird, bei der das konstitutive Element des Eintragungserfordernisses als die Modifikation für die Übertragung der Emissionsberechtigungen angesehen wird.[324] Außerdem wird von Vertretern dieser Ansicht ein Indiz aus einer Bundesratsstellungnahme gezogen.[325] Der Gesetzgeber formuliert hier innerhalb einer Stellungnahme zum TEHG, dass es sich bei § 7 Abs. 3 TEHG[326] um eine schuldrechtliche Einigung[327] handle. Dies könne allerdings laut *Schweer/v. Hammerstein* rechtstechnisch nicht gemeint sein, zumal es sich in § 7 Abs. 3 TEHG um eine die Erfüllung konstituierende, mithin die Übertragung vollendende Norm handelt.[328] Dennoch könne man aus diesem Zusammenhang schließen, dass der Gesetzgeber den Übertragungstatbestand auf dem Gebiet des Zivilrechts verorten wolle.[329]

Es wird indes nicht lediglich mithilfe einer im Bereich des Möglichen liegenden Absicht des Gesetzgebers argumentiert, sondern eine dogmatisch begründete und juristisch fundierte Herleitung dargeboten.

Grundlage der dogmatischen Herleitung sind hier jedenfalls begründete Zweifel, inwieweit ein öffentlich-rechtlicher Vertrag statthaft sei, zumal das Register im Emissionshandelsrecht Ähnlichkeiten mit der ordnenden Funktion des Grundbuchs im Immobiliarsachenrecht aufweise und im Rahmen der Übertragung von Grundstücken ohne Zweifel eine zivilrechtliche Einigung dinglicher Art gegeben sei, die sich über den Eintrag ins Grundbuch verwirklicht.[330]

---

322 *Kreße*/NK-BGB, § 398 Rn. 20 mit weiteren Nachweisen.
323 *Pardon*, S. 113 f.
324 *Holzborn/Israel*, et 2005, 740, 742.
325 *Schweer/v. Hammerstein*, § 16 Rn. 6.
326 Damals noch § 16 Abs. 3 TEHG 2004.
327 Br-Drs. 14/04, S. 20.
328 So auch *Schweer/v. Hammerstein*, § 16 Rn. 6.
329 *Schweer/v. Hammerstein*, § 16 Rn. 11.
330 Vgl. dazu statt aller: *Kohler*/MüKoBGB, § 873 Rn. 2.

So werden von *Frenz/Theuer* Zweifel an einer dem öffentlich-rechtlichen Recht zuzuordnenden Übertragung angebracht, wenn es sich lediglich um zwei Handeltreibende ohne Anlagenbezug handelt und folglich zu keinem Zeitpunkt ein irgendwie geartetes öffentlich-rechtliches Pflichtenverhältnis auf Grundlage des Emissionshandels begründet wird.[331] Diese Zweifel sind bemerkenswert, zumal an anderer Stelle des Kommentars zum TEHG von *Frenz* die Auffassung vertreten wird, dass es sich um eine dem öffentlichen Recht zugehörige Einigung im Rahmen des Erfüllungsgeschäfts handeln soll.[332]

Die vorher dargelegten Zweifel werden an anderer Stelle von *Körner/v. Schweinitz* konkretisiert. Es gehe bei der Übertragung von Emissionsberechtigungen nämlich nicht um die öffentlich-rechtlichen Wirkungen der Emissionsberechtigungen, sondern um das „Deckungsgeschäft" das die Voraussetzungen der öffentlich-rechtlichen Pflichten sichern solle.[333] Wenngleich auch darauf hingewiesen wird, dass gewichtige Gründe für ein öffentlich-rechtliches Erfüllungsgeschäft sprechen, soweit man ausschließlich auf die Rechtsnatur des Handelsgegenstandes abstellte.[334] Allerdings stehe bei der Übertragung der Emissionsberechtigungen der Handel im Vordergrund, sodass es sich insgesamt um ein privatrechtliches Rechtsgeschäft handele.[335]

Gleiches wird auch von *Pardon* vertreten, wobei außerdem die dafür einschlägigen Normen aus dem BGB hergeleitet werden. Die Übertragung erfolge über § 413 BGB in Verbindung mit § 7 Abs. 3 TEHG, wobei bei Regelungslücken auf die Grundsätze der §§ 413, 398 BGB zurückgegriffen werden kann.[336] Teilweise wird innerhalb der Ansicht des Übertragungsaktes über § 413 BGB der § 7 Abs. 3 TEHG aber auch als Modifikation zur Grundnorm der §§ 413, 398 BGB gesehen.[337] Die Anweisung an das Register durch den Verkäufer stelle dabei reine Verfahrenshandlung im Rahmen des öffentlich-rechtlich ausgestalteten

---

331 *Frenz/Theuer*/Frenz, Emissionshandelsrecht, § 3 Rn. 11
332 *Frenz*/Frenz, Emissionshandelsrecht, § 7 Rn. 42 ff.
333 *Körner/v. Schweinitz*/Körner/Vierhaus, § 16 Rn. 30; so auch *Sommer*, WM 2006, 2029, 2032.
334 *Körner/v. Schweinitz*/Körner/Vierhaus, § 16 Rn. 29.
335 *Körner/v. Schweinitz*//Körner/Vierhaus, § 16 Rn. 30.
336 *Pardon*, S. 113 f., wobei auf § 16 Abs. 3 TEHG 2004 abgestellt wird, der allerdings mit § 7 Abs. 3 TEHG in der derzeit gültigen Fassung wortgleich ist; so auch *Körner/ v. Schweinitz*/Körner/Vierhaus, § 16 Rn. 31.
337 *Holzborn/Israel*, et 2005, 740, 742.

Nutzungsverhältnisses und ist damit nicht materielle Voraussetzung, wenngleich die Eintragung wiederum konstitutiv sei.[338]

bb) öffentlich-rechtliches Erfüllungsgeschäft

(1) Grundsätzliche Zulässigkeit

Zunächst ist herauszustellen, dass nach herrschender Literaturansicht auch Privatrechtssubjekte einen öffentlich-rechtlichen Vertrag im Sinne des § 54 VwVfG schließen können, solange eine spezialgesetzliche Ermächtigung vorliegt und der Gegenstand des Vertrags dem öffentlichen Recht zuzuordnen ist.[339] Die Zulässigkeit dieses Vertragstypus zwischen Privatrechtssubjekten ist insbesondere auch deshalb schwer abzulehnen, weil der Gesetzgeber dies teilweise gesetzlich voraussetzt – so beispielsweise in § 110 BauGB oder § 31 Abs. 5 Satz 1 VermG.[340] Dennoch wird teilweise die Auffassung vertreten, dass jedenfalls ein Hoheitsträger am öffentlich-rechtlichen Vertrag als Vertragspartei mitzuwirken habe.[341]

Das Bundesverwaltungsgericht hat sich – soweit ersichtlich – nicht abschließend dazu geäußert, ob ein öffentlich-rechtlicher Vertrag zwischen Privaten möglich sei, allerdings entschieden, dass die besonderen Formvorschriften der §§ 54 ff. VwVfG nicht unmittelbar anwendbar seien, soweit man vertrete, dass ein öffentlich-rechtlicher Vertrag zwischen Privatrechtssubjekten grundsätzlich möglich sei.[342] Daher kann man diese Vertragstypen zwar wohl als öffentlich-rechtliche Verträge bezeichnen, allerdings ohne Anwendung der besonderen Formvorschriften in den §§ 54 ff. VwVfG.[343] Begründet wird dies damit, dass im Sinne von § 1 VwVfG bei einem öffentlich-rechtlichen Vertrag zwischen zwei Privaten kein Hoheitsträger berechtigt und verpflichtet wird.[344]

Dennoch muss bei der Einordnung öffentlich-rechtlicher Geschäfte, die eine Rechtsänderung zum Gegenstand haben sollen, differenziert werden, denn nicht

---

338 *Pardon*, S. 131 mit weiteren Nachweisen.
339 Vgl. dazu allgemein: *Bonk/Neumann/Siegel*/Stelkens/Bonk/Sachs, § 54 VwVfG Rn. 85 mit weiteren Nachweisen; für den Emissionshandel im Besonderen: *Wagner*, ZBB 2003, 409, 411.
340 *Brüning/Bosesky*/NK-VwVfG/, § 54 VwVfG Rn. 126.
341 *Tegethoff*/Kopp/Ramsauer, § 54 VwVfG Rn. 7 a.
342 BVerwG, Urteil vom 12.6.1992 – 7 C 3/91, NJW 1992, 2908, 2908.
343 Vgl. zum Ganzen: *Bonk/Neumann/Siegel*/Stelkens/Bonk/Sachs, 9. Aufl. 2018, VwVfG § 54 Rn. 86.
344 BVerwG, Urteil vom 12.6.1992 – 7 C 3/91.

zu öffentlich-rechtlichen Verträgen gehören demnach Vereinbarungen aus dem Vorfeld, die nicht die bloße Rechtsänderung zum Gegenstand haben.[345]

Anzumerken ist außerdem, dass es sich bei der Anwendung eines öffentlich-rechtlichen Vertrags für die Zwecke der Übertragung eines Rechts terminologisch um ein *Erfüllungsgeschäft* handeln solle und auf die Bezeichnung *Verfügung* im Rahmen des öffentlich-rechtlichen Vertrags verzichtet werden müsse, da Verfügung innerhalb der Lehre zum Verwaltungsakt ein feststehender Rechtsbegriff sei und daher kein irreführender Bezug hergestellt werden dürfe.[346]

Abschließend kann wohl festgehalten werden, dass die überwiegende Auffassung in der Literatur darin übereinstimmt, dass der Gesetzgeber die Befugnis erteilt haben muss, über öffentlich-rechtliche Befugnisse zu disponieren, um einen öffentlich-rechtlichen Vertrag unter Privatrechtssubjekten zu begründen.[347]

Auf diesen Streit ist nicht im Detail einzugehen, da die Verfechter der öffentlich-rechtlichen Erfüllungstheorie jedenfalls durchgängig die Auffassung vertreten, dass schon dann ein öffentlich-rechtlicher Vertrag möglich sei, soweit über öffentlich-rechtliche Rechte verfügt wird. Vor diesem Hintergrund sollen die vorgelagerten Bedenken über die grundsätzliche Möglichkeit hier nur am Rande skizziert werden sollten.

(2) Argumentation

Die Tatsache, dass über ein subjektiv-öffentliches Recht verfügt und daher ein Rechtsverhältnis auf dem Gebiet des öffentlichen Rechts begründet wird, ist mithin das Hauptargument derjenigen, die das Erfüllungsgeschäft als öffentlich-rechtlich einordnen.[348]

Es wird insoweit auf die vorgelagerte Zuteilung durch einen Verwaltungsakt als auch auf die nachgelagerte Abgabepflicht der Emissionsberechtigungen abgestellt, die die Pfeiler des Emissionshandels bilden.[349] Insbesondere *Frenz* arbeitet das Argument heraus, dass nicht jede Einigung mit Erfüllungswirkung

---

345 Dazu das Beispiel zum Studienplatztausch bei *Bonk/Neumann/Siegel*/Stelkens/Bonk/Sachs, 9. Aufl. 2018, VwVfG § 54 Rn. 87.

346 *Brüning/Bosesky*/NK-VwVfG, § 54 Rn. 106a.

347 Vgl. *Bonk/Neumann/Siegel*/Stelkens/Bonk/Sachs, § 54 VwVfG Rn. 86.

348 *Weinreich*/Landmann/Rohmer UmweltR, 92. EL Februar 2020, TEHG § 7 Rn. 33; *Frenz*/Frenz, § 7 Rn. 44; *Fleckner*/ Hoffmann/Fleckner/Budde § 7 TEHG Rn. 14; zur Gesamtherleitung instruktiv *Wagner*, ZBB 2003, 409, 411.

349 *Wagner*, ZBB 2003, 409, 411; *Frenz*/Frenz, § 7 Rn. 45.

leichtfertig dem Zivilrecht zuzuordnen sei und damit keine Vermutung hinsichtlich einer Erfüllungswirkung über das Zivilrecht bestehe.[350]

Weiterhin werden mögliche Probleme bei der Rechtsanwendung der Verfügungsproblematik, die gemeinhin zivilrechtliche Fragen aufwerfen, mit dem Gedanken zurückgewiesen, dass diese auch den Verwaltungsgerichten nicht fremd seien und daher eine rechtliche Beurteilung auch durch Richter am Verwaltungsgericht möglich sei.[351]

Zusätzlich werden der zivilrechtlichen Einordnung des Erfüllungsgeschäfts Zweifel entgegengebracht, da ein gutgläubiger Erwerb vom Nichtberechtigten dem Zivilrecht insgesamt fremd sei.[352]

Außerdem wird über den Vergleich zu den sogenannten Milchquoten[353] das öffentlich-rechtliche Erfüllungsgeschäft begründet – wegen der beiderseitig gegebenen Handelbarkeit dieser öffentlich-rechtlichen Rechte.[354] Bemerkenswert ist jedoch, ob der eingangs festgestellten These, dass es sich um einen öffentlich-rechtlichen Vertrag gem. § 54 VwVfG handle und die Norm mithin zitiert wird,[355] die Herausstellung, dass die §§ 54 ff. VwVfG keine tiefergehenden für den Emissionshandel nutzbar zu machenden Regelungen enthalten, ja vielmehr schon gar nicht anwendbar seien.[356] Die Verfechter dieser Ansicht bleiben die Begründung schuldig, warum diese Norm fortlaufend zitiert wird. Zusammenfassend kann folglich festgestellt werden, dass die Rechtswirkungen, die dem handelbaren Gut grundsätzlich gegenüber dem Staat innewohnt, ausschlaggebend sein soll für die Einordnung des Erfüllungsgeschäfts als ein öffentlich-rechtliches.

---

350 *Frenz*/Frenz, § 7 Rn. 46.

351 *Frenz*/Frenz § 7 Rn. 77.

352 So *Ates*, S. 122, der im Ergebnis aber auch eine zivilrechtliche Einordnung favorisiert: *Ates*, S. 123.

353 Verordnung zur Durchführung der Zusatzabgabenregelung (Zusatzabgabenverordnung – ZAVO) vom 12.1.2000, BGBl I, 27; vgl. auch Verordnung (EG) Nr. 1256/1999 des Rates vom 17.5.1999 zur Änderung der Verordnung (EWG) Nr. 3950/1992 über die Erhebung einer Zusatzabgabe im Milchsektor, ABl. L 160/73.

354 *Wagner*, ZBB 2003, 409, 411 f.

355 Siehe obige Ausführungen unter „Grundsätzliche Zulässigkeit".

356 *Frenz*/Frenz § 7 Rn. 48; zur ausscheidenden Anwendbarkeit insb. BVerwG, Urteil vom 12.6.1992 – 7 C 3/91, NJW 1992, 2908, 2908.

cc) Praktische Relevanz

Dieser sehr verästelte Meinungsstand wirkt zuweilen wie eine Streitigkeit mit alleiniger Relevanz für die Wissenschaft und juristische Dogmatik, da auch die Meinung, welche für die öffentlich-rechtliche Rechtsnatur des Erfüllungsgeschäfts streitet, im Endeffekt anerkennt, dass die Einigung ohnehin über die analoge Anwendung der zivilrechtlichen Grundsätze über das Zustandekommen von Verträgen zu erfolgen hat.[357] Festzustellen ist obgleich, dass der Streit bei der Einordnung des Rechtsweges[358] und der Anwendung von Kollisionsrecht virulent wird.[359] Daher ist eine erhöhte praktische Relevanz, die aus dieser wissenschaftlichen Diskussion erwächst, nicht von der Hand zu weisen. Auch aufgrund finanzieller Gesichtspunkte ist das Interesse an der Einordnung des Rechtswegs ein wichtiges, zumal eine gemeinhin längere Verfahrensdauer vor den Verwaltungsgerichten im schnelllebigen Handelsverkehr höhere Kosten verursachen könnte. Allerdings ist – soweit ersichtlich – noch keine gerichtliche Entscheidung eines Verwaltungs- oder eines ordentlichen Gerichts ergangen, die das Erfüllungsgeschäft von Emissionsberechtigungen zum Gegenstand hatte. Die veröffentlichten verwaltungsgerichtlichen Entscheidungen betreffen lediglich angefochtene Bescheide im Rahmen der vorgelagerten Zuteilung von Emissionsberechtigungen, mithin den Ersterwerb.

dd) Stellungnahme

Unbestritten bleibt nach hier vertretener Auffassung zwar, dass auch öffentlich-rechtliche Verträge zwischen Privatrechtssubjekten geschlossen werden können, dennoch ist dies bei privatrechtlichen Handelsgütern zwischen Handeltreibenden nicht zweckmäßig.

(1) Wortlaut

Freilich kann man annehmen, dass der Gesetzgeber mit dem Wort *Einigung* im § 7 Abs. 3 TEHG eine öffentlich-rechtliche Disponiermöglichkeit statuiert haben könnte, so wie es bei einem öffentlich-rechtlichen Erfüllungsgeschäft zwischen Privatrechtssubjekten verlangt wird. Allerdings lässt sich allein anhand des Wortlauts nicht zweifelsfrei feststellen, ob es sich um eine Einigung im öffentlich-rechtlichen oder zivilrechtlichen Sinne handelt. Die Gesetzgebungsmaterialien

---

357 Vgl. nur *Fleckner/* Hoffmann/Fleckner/Budde, § 7 Rn. 14 mit weiteren Nachweisen.
358 Statt vieler: *Körner/v. Schweinitz*/Körner/Vierhaus, § 16 Rn. 27.
359 Vgl. dazu: *Fleckner*/Hoffmann/Fleckner/Budde, § 7 Rn. 14.

lassen – wie oben beschrieben – vielmehr vermuten, dass der Gesetzgeber die Einigung auf dem Gebiet des Zivilrechts verortet. Gleichwohl kann der öffentlich-rechtlich orientierten Ansicht zugestanden werden, dass sich nicht jede Einigung automatisch eine zivilrechtliche sein muss.

(2) Rechtswegproblematik

Der öffentlich-rechtlichen Ansicht gelingt es nicht, den unterschiedlichen Rechtsweg zwischen Verpflichtungs- und Verfügungsgeschäft zu erklären.

Dies macht schon der Vorschlag *Wagners*[360] deutlich, dass eine Norm im TEHG eingefügt werden solle, die diese Streitigkeiten der ordentlichen Gerichtsbarkeit zuweist oder eine Schiedsgerichtsklausel eingebaut werden soll.

Freilich darf eine juristische Argumentation nicht tendenziös sein, mit der Folge, dass der vorzugswürdige Rechtsweg eine Einordnung des Rechtsgeschäfts an sich unerheblich machen würde. Gleichwohl werden die in Rede stehenden Streitigkeiten eher juristische Problemstellungen aus dem Schuld-, Wertpapier und Sachenrecht zum Gegenstand haben,[361] deren Trennung aufgrund der möglicherweise dann doch tiefergehenden juristischen Probleme nicht statthaft wäre. Es ist demnach vorzugswürdiger hier einen zivilrechtlichen Übertragungstatbestand zu sehen, um Rechtsunsicherheiten zu vermeiden.[362]

Auch erscheint es zweifelhaft, warum auch Börsenhändler und Makler, die untereinander handeln, den Weg vor das Verwaltungsgericht bestreiten sollen, wenn der Streitgegenstand die Verfügung als solche ist. Dagegen könnte man einwenden, dass die meisten Probleme sich im Rahmen des Verpflichtungsgeschäfts entstehen werden. Allerdings sind die Probleme, betreffend den guten Glauben bei der Übertragung oder diejenigen einer möglichen Fehleridentität zwischen Verpflichtungs- und Verfügungsgeschäft, Streitfragen zum Verfügungsgeschäft.

(3) Vergleichbarkeit zum Grundbuch

Darüber hinaus ist der Auffassung von *Frenz/Theuer*[363] zuzustimmen, dass die Nähe zum Grundbuch eher für eine zivilrechtliche Ausgestaltung des Emissionshandels spricht, da die Übereignung im Rahmen von Grundstücken ohne

---

360 *Wagner*, ZBB 2003, 409, 413.
361 So auch *Körner/v. Schweinitz*/Körner/Vierhaus, § 16 Rn. 27.
362 Dies in Einklang mit der nicht vorzugswürdigen Einordnung einer hybriden Rechtsnatur der Zertifikate, die aus ähnlichen Gründen Rechtsunsicherheiten mit sich bringen würde.
363 *Frenz/Theuer*/Frenz, § 3 Rn. 10.

Zweifel zivilrechtlich erfolgt. Insbesondere wenn man zusätzlich anerkennt, dass das Grundbuch sogar eine stärkere Ordnungsfunktion zur Grundlage hat. Es dient nämlich auch der Gebietsaufteilung und Ordnung, wenngleich das Register im Emissionshandelsrecht nur einem Verzeichnis an Emissionsberechtigungen gleicht.

Des Weiteren gibt es im Grundbuchrecht mehrere Möglichkeiten Berichtigungsanträge zu stellen – diese Rechtsbehelfe sind im Emissionshandelsrecht in der Form nicht vorhanden.

Zudem ist der notarielle Formcharakter des Verpflichtungsgeschäfts gem. § 311b Abs. 1 BGB schon eine stärkere Sicherung, wohingegen es beim Emissionshandel dem Verkäufer obliegt, die Behörde anzuweisen.

Folglich ist es sehr zweifelhaft, warum ein mit stärkerem Bezug zum öffentlichen Recht organisiertes Registersystem, wie das Grundbuch rein zivilrechtlich ausgestaltet sein soll, wohingegen das knapper und mit geringerer Rechtssicherheit ausgestaltete System des Emissionshandels einer öffentlich-rechtlichen Verfügung des handelbaren Rechts zur Grundlage haben soll.

Nach hier vertretener Auffassung wird zwar über subjektiv-öffentliche Rechte verfügt, dennoch werden keine direkten öffentlich-rechtlichen Wirkungen entfaltet. Der letztendliche Übertragungsakt durch die beiden privaten Handeltreibenden wird nämlich allein durch die Meldung der Einigung und der darauffolgenden Eintragung konstituiert, sodass der registerführenden Stelle als passiver staatlicher Akteur dabei lediglich eine Organisationsfunktion beikommt. Es wird demnach lediglich vom Verkäufer gemeldet, dass eine bestimmte Anzahl an Zertifikaten an den Käufer übertragen werden sollen, was dann in der gewollten Menge vollzogen wird.

(4) Öffentlich-rechtliches Nutzungsverhältnis kein taugliches Argument

Es wird bei den Verfechtern eines öffentlich-rechtlichen Erfüllungsgeschäfts vielfach auf die Nutzung der Luft im Sinne eines öffentlich-rechtlichen Nutzungsverhältnisses abgestellt.

Dabei sollte nicht außer Acht gelassen werden, dass dies jedoch nur die Abgabenseite der Zertifikate betrifft. Sie sind vielmehr die Kehrseite des Verhältnisses zwischen Pflichtigem im Sinne des Emissionshandelsrechts und Staat, wohingegen die einzelnen Zertifikate unter den Handeltreibenden zivilrechtlich ausgetauscht werden müssen, obwohl sie ein subjektiv-öffentliches Recht darstellen. Diejenigen, die die Zertifikate letztlich durch den Handel erhalten können, müssen aber nicht die öffentlich-rechtliche Abgabepflicht erfüllen. Daher wird zwar mit einem öffentlich-rechtlichen Gut gehandelt, die öffentlich-rechtliche Pflicht wird jedoch nicht ausgetauscht. Insoweit wird der hybride Charakter erst hier im Rahmen des Erfüllungsgeschäfts und nicht bei der Rechtsnatur deutlicher; er tritt insoweit in den Vordergrund.

(5) Zivilrechtlicher Übertragungsvorgang

Der Handel mit Berechtigungen erfolgt im Einklang mit der am Zivilrecht orientierten Auffassung folglich privatrechtlich, da es den Umweg über die analoge Anwendung durch das öffentliche Recht nicht braucht – lediglich die Beziehungen zur Behörde werden öffentlich-rechtlich konstituiert.

Die dogmatische Grundlage liegt in § 413 BGB i.V.m. § 7 Abs. 3 TEHG. Schon die Gegenmeinung erkennt hier an, dass es sich nicht um Forderungen handelt, sondern um Berechtigungen.[364] Daher sind sie im Rahmen des zivilrechtlichen Verfügungsgeschäfts als andere Rechte zu bezeichnen und folglich unter § 413 BGB zu subsumieren. Übertragen wird hier aber nicht das Recht an sich, Treibhausgase zu emittieren – dies wird schon spätestens mit der Genehmigung der Anlage gem. § 4 TEHG erteilt. Vielmehr ist Gegenstand der Übertragung, dasjenige Recht, welches diesen Ausstoß gegenüber der jeweiligen Behörde legitimieren kann. Gegen die Auffassung den rechtlichen Vorgang als Modifikation zur Grundnorm der §§ 413, 398 BGB einzuordnen spricht hier allerdings, dass schon § 413 BGB etwas anderes vorschreibt, indem Bezug auf die mögliche Anwendbarkeit einer speziellen Norm genommen wird. Über § 7 Abs. 3 TEHG wird die Einigung und Eintragung als konstitutives und zusammenhängendes Element zur Rechtsübertragung ausgestaltet, welches losgelöst von der Einigung im Rahmen der Abtretung ist, da die Rechtswirkung bei der Abtretung ihrerseits schon mit der Einigung eintritt.

(6) Zwischenergebnis: Strenge Trennung der Rechtsnatur des Erst- und Zweiterwerbs

Jedenfalls nach der Ausgabe der Behörde ist der Kontoinhaber kraft der Eintragung bzw. Dokumentierung auf dem Konto und der damit einhergehenden Möglichkeit, die Berechtigung an Dritte zu übertragen, auch derjenige, dem der rechtliche Zuweisungsgehalt der Emissionsberechtigungen zuzusprechen ist.

Diese Arbeit streitet aber aufgrund der oben dargelegten Gründe für eine gänzlich zivilrechtliche Betrachtungsweise innerhalb der Übertragung-

---

364 *Frenz/Frenz*, § 7 Rn. 73 ff.

statbestände des Handelssystems, wenngleich der Handelsgegenstand ein öffentlich-rechtlicher ist.

Dies ist auch nur konsequent hinsichtlich der offenen Ausgestaltung des Gesetzgebers und dem Willen, einen Handelsmarkt zu schaffen, an dem Marktbeteiligte sich untereinander auseinandersetzen. Dessen letzte Konsequenz und Ausgestaltung tritt zwar erst durch die öffentlich-rechtliche Verknappung und Abgabepflicht ein; jedoch erst als ausgestaltetes nachgelagertes Pflichtenverhältnis. Daher kann man die oben bereits erwähnte hybride Natur vielmehr eher anhand der Pflichten gegenüber der Behörde und Übertragungstatbeständen und dem Handel zwischen den Privatrechtssubjekten feststellen.

4. Der Übertragungsakt in der Insolvenz des Handeltreibenden

Der Handel zeigt auch keine Besonderheiten in der insolvenzrechtlichen Behandlung, zumal die hier vertretene Auffassung eine gänzlich zivilrechtliche Einordnung des Handels mit Berechtigungen vorsieht.[365]

Folglich sind hier die zivilrechtlichen Grundsätze beim Privatverkauf unter Handeltreibenden anzuwenden sind und damit insbesondere § 103 InsO. Eine Anwendung des § 104 InsO als Ausnahme ist lediglich statthaft, falls es sich bei dem Verkaufspreis um einen Preis an einer Börse handelt oder ein Termingeschäft vereinbart worden ist.[366]

Fraglich ist, wer die natürlichen Personen aus § 25 Abs. 3 TEHG sein sollen, die mitgeteilt werden sollen. Dies ist eine insoweit wesensfremde Ausgestaltung für das Insolvenzrecht, da nur der Insolvenzverwalter gem. § 80 Abs. 1 InsO verfügungsbefugt ist. Es gibt insoweit keinen „Ober- oder Unterinsolvenzverwalter".

5. Insolvenzanfechtung

Gemäß § 129 InsO kann der Insolvenzverwalter Rechtshandlungen, die vor der Eröffnung des Insolvenzverfahrens vorgenommen worden sind und die Insolvenzgläubiger benachteiligen, nach Maßgabe der §§ 130 bis 146 InsO anfechten.[367] Dies kann insbesondere der Fall sein, wenn sich aufgrund des Vergleichs zwischen Abgabepflicht und einer vor Insolvenzantrag veräußerten Emissionsberechtigung herausstellt, dass der Verkauf der Emissionsberechtigung für die Masse nachteilig ist und daher die Insolvenzgläubiger benachteiligt.

---

365 Siehe oben unter „Der Übertragungsakt zwischen Handelsteilnehmern".
366 Vgl. zum Ganzen v. Wilmowsky/Kübler/Prütting/Bork, § 104 Rn. 62.
367 Dazu umfassend: *K. Schmidt*/K. Schmidt InsO, § 129 Rn. 1 ff.

Bei der Verfügungsanfechtung wird nach hier vertretener Auffassung beim Erfüllungsgeschäft ein zivilrechtliches Rechtsgeschäft[368] angefochten, sodass bei Unklarheiten hinsichtlich des Rechtsgeschäfts der Weg zu den ordentlichen Gerichten eröffnet ist.

6. Emissionshandelsregister gem. § 17 TEHG

§ 17 TEHG normiert, dass Berechtigungen in einem Emissionshandelsregister nach der Verordnung gem. Art. 19 Abs. 3 der RL 2003/87/EG gehalten und übertragen werden. Die Norm hat einen rein deklaratorischen Charakter, denn Verordnungen entfalten in den Mitgliedstaaten gem. Art. 288 UAbs. 2 Satz 1 AEUV unmittelbare Wirkung.

In den ersten Handelsperioden war diese Verordnung allerdings nicht in Kraft und die jeweiligen Register wurden allein durch die Mitgliedstaaten geführt.[369] Dennoch ist § 17 TEHG nicht obsolet geworden, zumal die Emissionshandelsregister von den jeweiligen Mitgliedstaaten organisiert und verwaltet werden – sie dienen als Kontaktstelle zwischen dem Unionsregister und den Kontoinhabern gem. Erwägungsgrund Nr. 9 VO 389/2013/EU.

Das Emissionshandelsregister ist das „zentrale Instrument für die praktische Umsetzung des Emissionshandelssystem",[370] wobei die jeweiligen Elemente der Funktionsfähigkeit des Handels und der Abgabe betreffenden Elemente über das Register geregelt und vollzogen werden.[371] Das Register sieht unterschiedliche Kontotypen für Personen und Händler,[372] Luftfahrzeugbetreiber[373] oder Anlagenbetreiber[374] vor. Außerdem sind im Registerrecht Vorgaben hinsichtlich der Eröffnung und Schließung von Emissionshandelskonten zu finden.[375]

---

368 Siehe unter B. V. 3. „Erfüllungsgeschäft".
369 Vgl. dazu *Hoffmann*/Hoffmann/Fleckner/Budde, § 17 Rn. 1.
370 *Ehrmann*/Berliner Kommentar, § 17 TEHG Rn. 2.
371 Siehe auch *Hardach*/Landmann/Rohmer UmweltR, § 17 TEHG, Rn. 2.
372 Art. 18 VO 389/2013/EU.
373 Art. 17 VO 389/2013/EU.
374 Art. 16 VO 389/2013/EU.
375 Art. 19 ff. VO 389/2013/EU.

H. Insolvenzrechtliche Einordnung des neuartigen Brennstoffemissionshandel ab dem Jahr 2021

I. Grundlagen und Ausgestaltung

Der Brennstoffemissionshandel ist ein allein national ausgestaltetes Emissionshandelssystem in Deutschland, dem aber mittelbar die EU-weit geltenden Klimaziele zugrunde liegen.

Auch wird das „Cap-and-Trade-System" hier angewandt, um den Brennstoffemissionshandel effektiv auszugestalten. Die Preise sind in der Einführungsphase bis 2025 vorgegeben und liegen zwischen 25 und 55 Euro[376] gem. § 10 Abs. 2 Satz 2 BEHG, wobei eine jährliche Anhebung vorgesehen ist. Der Höchstpreis im Jahr 2026 soll bei 65 Euro liegen. Eine kostenlose Zuteilung von Emissionszertifikaten erfolgt im nationalen Emissionshandel nach derzeitiger Planung nicht.

1. Zweck und Anwendungsbereich

Das Brennstoffemissionshandelsgesetz[377] dient gem. § 1 BEHG als Grundlage für den Handel mit Zertifikaten für Emissionen aus Brennstoffen und daher einer Bepreisung dieser Art der CO_2-Emissionen aus fossilen Brennstoffen. Damit wird eine weitere Form der Treibhausgasemissionen unter diese Form des Klimaschutzes gestellt. Der Anwendungsbereich erstreckt sich auf die in der Anlage 1 genannten Brennstoffe gem. § 2 Abs. 1 BEHG. Zunächst wird der Brennstoffemissionshandel allerdings mit einem eingeschränkten Anwendungsbereich eingeführt: Im Jahr 2021 sind laut Anlage 2 lediglich Benzin, Gasöle, Heizöle, Erdgas und Flüssiggase einbezogen. Für die anderen grundsätzlich nach Anlage 1 erfassten Brennstoffe – wie beispielsweise Kohle – muss erst ab 2023 berichtet und im darauffolgenden Jahr sind Emissionszertifikate im Sinne des BEHG abzugeben.

---

376 Diese nunmehr angehobenen Preise sind mit der ersten Änderung des Gesetzes vom 16.6.2020 eingeführt worden: BT-Drs. 19/19929.

377 Brennstoffemissionshandelsgesetz vom 12. Dezember 2019 (BGBl. I S. 2728).

2. Verantwortliche

Die Besonderheit in der Ausgestaltung des Brennstoffemissionshandelsgesetzes liegt insbesondere in den Gesetzesadressaten. Das Gesetz belegt anders als im EU-Emissionshandel nicht die treibhausgasemittierenden Verpflichteten mit einer Abgabepflicht, sondern diejenigen, die den Brennstoff im Sinne der BEHG in den Verkehr bringen.[378]

Dies ergibt sich aus § 3 Nr. 3 BEHG in Verbindung der Entrichtungstatbestände der Energiesteuer nach dem Energiesteuergesetz – ausweislich § 2 Abs. 2 BEHG gelten die Brennstoffemissionen mit Entstehen der Energiesteuer[379] in den Verkehr gebracht.

Damit ist die Verantwortlichkeit im Vergleich zum EU-Emissionshandel verlagert. Diese Zweckmäßigkeitserwägung ergibt sich jedoch aus der Natur der Sache, denn die Verantwortlichkeit beispielsweise jedes einzelnen Autofahrers[380] nachzuverfolgen gestaltet sich wesentlich schwieriger als das bewährte Prinzip des Inverkehrbringens, welches im Energiesteuerrecht schon seine Ausprägung gefunden hat. Der Gesetzgeber hat sich hier folglich für den sog. „Upstream-Emissionshandel"[381] entschieden.[382]

3. Weiterer Ausgleich indirekter Belastungen

Eine Besonderheit im BEHG ist § 11, welcher Ausgleichszahlungen vorsieht, wenn eine unzumutbare Härte durch die Einführung des Brennstoffemissionshandels „in ganz atypischen Einzelfällen" für ein betroffenes Unternehmen entstanden ist.[383] Die Bezeichnung „Unternehmen" ist dabei allerdings ungenau, zumal es sich hierbei um Gesellschaften handelt und der Adressat daher die juristische Person ist.

Die genaue Ausgestaltung der Ausgleichszahlungen aufgrund unzumutbarer Härte wird gem. § 11 Abs. 2 BEHG über eine Verordnung geregelt, deren Inhalt erst durch Erfahrungen in der Praxis definiert werden kann. Voraussichtlich

---

378 Dazu ausführlich *Unnerstall*/Klimaschutzrecht, § 3 BEHG Rn. 8 ff.

379 Auf die genaue Zitierfolge nach § 2 Abs. 2 BEHG wird hier verzichtet und auf die vorgenannte Norm verwiesen.

380 Zum Automobilsektor *Engel/Mailänder*, NVwZ 2016, 270.

381 Vgl. dazu insb. *Leisner-Egensperger*, NJW 2019, 2218; *Hermann/Cludius/Forster u.a.*, in: Umweltbundesamt (Hrsg.), Ausweitung des Emissionshandels auf Kleinemittenten im Gebäude- und Verkehrssektor.

382 BT-Drs. 19/19746, S. 21.

383 BT-Drs. 19/14746, S. 37.

wird man diese finanzielle Kompensation in Form einer Beihilfe ausgestalten,[384] zumal § 11 BEHG gem. § 24 Abs. 2 Nr. 1 BEHG erst in Kraft tritt, soweit die Europäische Kommission ihre beihilferechtliche Genehmigung erteilt hat.

Die oben besprochene Entscheidung, betreffend die Verfassungswidrigkeit der im TEHG zu findenden Norm hinsichtlich einer weiteren Zuteilung von Emissionszertifikaten aufgrund unzumutbarer Härte, hat hier wegen der nationalen Ausgestaltung des Brennstoffemissionshandels keine Auswirkungen.

4. Finanzverfassungsrechtliche Kritik und Auswirkungen auf die Frage der Pflichtenerfüllung in der Insolvenz

Die Abgabe der Emissionszertifikate nach § 8 BEHG bedarf auch einer finanzverfassungsrechtlichen Grundlage hinsichtlich der Einordnung in das System der Abgaben und Gebühren des Staates.

Erhebliche verfassungsrechtliche Kritik wird der Ausgestaltung des nationalen Emissionshandels entgegengebracht, indem herausgestellt wird, dass die in der Einführungsphase vorgesehene Abgabepflicht nicht den Anforderungen des Bundesverfassungsgerichts genüge, wie sie das Gericht seinerzeit hinsichtlich der oben dargestellten Verfassungsmäßigkeit in Bezug auf die finanzverfassungsrechtliche Ausgestaltung des EU-Emissionshandels aufgestellt hat.[385]

Die Gesetzesbegründung geht von einer nichtsteuerlichen Abgabe aus.[386] Die Vorteilsabschöpfungsabgabe ist wie oben schon dargestellt, an sich grundgesetzlich zulässig, da es keinen abschließenden Kanon zulässiger nichtsteuerlicher Abgabentypen gibt.[387] Allerdings setzt die Vorteilsabschöpfungsabgabe voraus, dass ein Sondervorteil gewährt wird, der überhaupt abgeschöpft werden kann.

Sehr fraglich ist im nationalen Emissionshandel die dafür notwendige Knappheitssituation, zumal in den ersten Jahren keine mengenmäßige Beschränkung vorgesehen ist. Gegenstand des nationalen Emissionshandels in der Einführungsphase ist ein Nachkaufmechanismus, der eintritt, wenn sich nicht genügend Emissionszertifikate im Umlauf befinden. Daher wird vertreten, dass der Gesetzgeber in der Ausgestaltung nicht den finanzverfassungsrechtlichen

---

384 So auch *Vollmer*, NuR 2020, 237, 239.
385 Siehe dazu auch oben unter zu den Ausführungen des Beschlusses zum BVerfG, Beschl. v. 5.3.2018 – 1 BvR 2864/13.
386 BT-Drs. 19/14746, S. 37.
387 Ständige Rechtsprechung BVerfG, vgl. nur *BVerfGE* 149, 222 (249); BVerfGE 113, 128 [146 f.]; 122, 316 [333]; 123, 132 [141]; 137, 1 [17 f. Rn. 42].

Anforderungen genüge.[388] Dabei wird vorrangig herausgestellt, dass Lenkungszwecke, wie der Klimaschutz, die Belastung der Höhe, aber nicht dem Grunde nach rechtfertigen können.[389]

Daran anknüpfend wird in der Literatur überdies vertreten, dass die Abgabepflicht in der Einführungsphase schon als Steuer anzusehen sei.[390] Dabei sei die Einordnung als Steuer schon formell verfassungswidrig, da sie keinem der im Katalog des Art. 106 GG genannten Steuertypen entspreche.[391] Teilweise wird zusätzlich auch mit dem Verweis auf die fehlende Möglichkeit des Staates eine Steuer zu erfinden, um finanzverfassungsrechtliche Vorgaben zu umgehen, argumentiert.[392]

Dem wird entgegengehalten, dass auch die Ausgestaltung des nationalen Emissionshandels finanzverfassungsrechtlichen Gesichtspunkten standhält.

Es wird zwar eingangs festgestellt, dass der nationale Emissionshandel in der Einführungsphase jedenfalls der Wirkung einer Besteuerung entspreche, welche aber ihrerseits verfassungskonform sei aufgrund des ausgestalteten Lenkungszwecks über die privat verbrauchsfähigen Energieträger.[393]

Auch bei einer alternativen Einordnung als Verleihungs- oder Vorteilsabschöpfungsgebühr sehen *Steinbach/Valta* keine finanzverfassungsrechtlichen Bedenken mit der Begründung, dass sich der Rechtsprechung des Bundesverfassungsgerichts kein Zwang zu einem Handelssystem oder einer Obergrenze des verknappten Guts entnehmen lasse, sondern dies allein bei einer Entscheidung als marktwirtschaftliche Ausgestaltung geboten sei.[394]

Es ist indes anzumerken, dass Mitautor *Armin Steinbach* des hier in Rede stehenden Beitrags der Leiter des wirtschaftspolitischen Grundsatzreferates im Bundesministerium für Wirtschaft und Energie ist. Mutmaßlich soll dieser Aufsatz daher auch die Behördenauffassung widerspiegeln,[395] die in der

---

388 Mit weiteren Nachweisen *Wernsmann/Bering*, NVwZ 2020, 497 in Fn. 18; *Vollmer*, NuR 2020, 237.

389 *Wernsmann/Bering*, NVwZ 2020, 497, 504.

390 *Rodi*, Rechtsgutachten 2019/IKEM, 13; *Wünnemann*, DStR 2019, 2099. *Steinbach/Valta*, JZ 2019, 1139 (1142).

391 Wernsmann/Bering, NVwZ 2020, 497, 499.

392 *Vollmer*, NuR 2020, 237, 241 mit Verweis auf diesbezüglich ergangene Entscheidung BVerfG, Beschl. v. 13.4.2017 – 2 BvL 6/13.

393 *Steinbach/Valta*, JZ 2019, 1139, 1140, 1442.

394 *Steinbach/Valta*, JZ 2019, 1139, 1144.

395 Ein Hinweis, dass der Leiter des wirtschaftspolitischen Grundsatzreferats des BMWi seine persönliche Meinung wiedergibt, erfolgt nicht.

Gesetzesbegründung und letztendlich in der endgültigen Fassung des BEHG ihren Niederschlag gefunden hat.

Eine finanzverfassungsrechtliche Einordnung ist in dieser Arbeit nicht vorzunehmen. Dennoch ist es für die weitere Einordnung der Pflichten im Insolvenzverfahren wichtig, dass die finanzverfassungsrechtliche und damit öffentlich-rechtliche Einordnung der Abgabe – jedenfalls in den Anfangsjahren – des BEHG nicht eindeutig geklärt ist.

5. Zwischenergebnis und Vergleich der Handelssysteme

Erkennbar ist, dass der EU-Emissionshandel als Blaupause dient, allerdings sollen Überschneidungen bewusst vermieden werden, sodass Kompensationen bei Doppelbelastungen angedacht sind. Dennoch ist die Wirkung der Emissionszertifikate nach BEHG und der Emissionsberechtigungen nach TEHG in Form der Legitimierung durch eine Abgabepflicht einer bestimmten Anzahl an verbrieften subjektiv-öffentlichen Rechten gleich.

Besonders erkennbar ist, dass ein beschleunigter Gesetzgebungsprozess hier zum BEHG führte. Die juristische Literatur findet sich diesbezüglich in Bewegung, sodass hier bisher lediglich ein Überblick dargestellt werden konnte.

Ob der Brennstoffemissionshandel in seiner derzeitigen Ausprägung verfassungswidrig ist, vermag hier nicht festgestellt werden können, da dies eine finanzverfassungsrechtliche Frage ist.

Für die Zwecke dieser Arbeit ist jedenfalls von einer Verfassungsmäßigkeit auszugehen; die Abgabepflicht ist jedenfalls öffentlich-rechtlicher Natur, sodass sich die Kernfrage der Behandlung dieser öffentlich-rechtlichen Pflicht im Insolvenzverfahren ohnehin stellt.

a) Unterschiedliche Einordnung der Abgabepflicht

Die wohl überwiegende Ansicht sieht die Abgabepflicht im Rahmen des BEHG nicht als Vorteilsabschöpfung im Sinne des TEHG an, sondern als eine Steuer.[396] Dennoch ist die Frage nach dem Entstehungstatbestand der Abgabepflicht losgelöst von der Einordnung der Abgabenart in das finanzverfassungsrechtliche System, sodass die Abgabepflicht nach § 8 Abs. 1 BEHG im Wesentlichen die gleichen Probleme hinsichtlich der Abgabepflicht nach § 7 Abs. 1 TEHG aufweist.

Folglich sind die Emissionszertifikate nach dem BEHG auch Bestandteil der Insolvenzmasse. Außerdem gelten die nach Eröffnung des Insolvenzverfahrens

---

396 Siehe Einordnung oben unter „Finanzverfassungsrechtliche Kritik".

getätigten Emissionen bei Betriebsfortführung als Masseforderungen fort. Für die verursachten Emissionen vor Eröffnung des Insolvenzverfahrens ist die Abgabepflicht eine Insolvenzforderung, wenngleich im Folgenden ein Vorschlag zur Gesetzesänderung gemacht wird. Die Ausführungen hinsichtlich des Ersterwerbs im TEHG gelten jedoch nicht für das BEHG, da die Emissionszertifikate im BEHG nicht versteigert werden.

II. Die Stellung des Insolvenzerwalters im BEHG

Der den insolvenzrechtlichen Nachfolgetatbestand regelnde § 18 Abs. 2 Satz 1 BEHG hat im Vergleich zu § 25 Abs. 3 TEHG einen anderen Wortlaut:
„Alle Verpflichtungen des Verantwortlichen aus diesem Gesetz bestehen während des Insolvenzverfahrens fort."

Laut Referentenentwurf wollte der Gesetzgeber indes eine Regelung entsprechend der Parallelregelung im TEHG normieren.[397] Die Regelung soll demnach laut Referentenentwurf bewirken, dass „der Insolvenzverwalter im Falle der Fortführung des Betriebs dafür sorgen {muss}, dass den Pflichten aus dem Brennstoff-Emissionshandel, insbesondere der Pflicht zur Abgabe der Emissionszertifikate nachgekommen wird." Dies sagt der Wortlaut jedoch nicht aus. „Alle Verpflichtungen" spricht vielmehr für eine Privilegierung der Abgabepflicht für vor dem Insolvenzantrag entstandene Emissionen, indem auf die im TEHG gewählte Formulierung „soweit" verzichtet worden ist. Daher ist der Insolvenzverwalter insgesamt als Verantwortlicher hinsichtlich der Abgabepflicht zu sehen.

III. Pflichten in der Insolvenz des Pflichtigen im BEHG

Die Pflichten im nationalen Emissionshandel entsprechen weitestgehend denjenigen aus dem EU-Emissionshandel. Im Einzelnen lässt sich hier vorrangig zwischen Berichterstattungspflicht und Abgabepflicht differenzieren, wobei letztere hier spiegelbildlich zum EU-Emissionshandel als Kardinalspflicht bezeichnet werden kann. Die Abgabepflicht der Emissionszertifikate ist in § 8 BEHG normiert und besagt, dass der Verantwortliche jährlich bis zum 30. September an die zuständige Behörde eine Anzahl an Emissionszertifikaten abzugeben hat, die der nach § 7 berichteten Gesamtmenge an Brennstoffemissionen im vorangegangenen Kalenderjahr entspricht.

---

397 RefE des BMU zum BEHG, S. 44.

Die Ermittlung und der Bericht sind gem. § 7 Abs. 1 BEHG bis zum 31. Juli des Folgejahres über die Brennstoffemissionen zu melden. Nach § 7 Abs. 2 BEHG gilt diese Pflicht erstmals für das Kalenderjahr 2021. Aus diesem Grund sind bis zum 31. Juli 2022 die ersten Berichte für den nationalen Brennstoffemissionshandel abzugeben.

Die unterschiedlichen Anknüpfungspunkte der Abgabepflicht an die Emission einerseits sowie das Inverkehrbringen andererseits lassen Überschneidungen zum EU-Emissionshandel nicht vermeiden. Daher findet sich in § 7 Abs. 5 BEHG die Vorschrift, dass Doppelbelastungen zu vermeiden sind.

Dabei wird das genaue Prozedere des Vermeidungsverfahrens gem. § 7 Abs. 4 Nr. 5 BEHG mithilfe einer Rechtsverordnung ausgestaltet, die gem. § 7 Abs. 5a.E. BEHG bis zum 31.12.2020 erlassen werden sollte.

IV. Nationale Emissionszertifikate als Bestandteil der Insolvenzmasse

Im BEHG findet sich keine Definition der Emissionszertifikate in nationaler Ausgestaltung. Dennoch können aufgrund der weitgehenden Parallelen Rückschlüsse gezogen werden, denn die nationalen Emissionszertifikate stellen auch das Herzstück des nationalen Emissionshandels dar, da dieses Werkzeug des Emissionshandels die eigentliche Allokation der knappen Ressource Luft in ein marktwirtschaftliches System einfügt.

1. Rechtliche Wirkung

Das nationale Emissionszertifikat berechtigt nach § 3 Nr. 2 BEHG zur Emission einer Tonne Treibhausgase in Tonnen Kohlendioxidäquivalent in einem bestimmten Zeitraum.[398]

Im Gegensatz zum EU-Emissionszertifikat ist das nationale Emissionszertifikat nur für eine Handelsperiode gültig und verfällt nach Nichteinlösung innerhalb des vorgegebenen Zeitraums.[399] Diese folgerichtige Ausgestaltung innerhalb der Einführungsphase ergibt sich aus der Ausgabe nach Festpreis im Rahmen des nationalen Emissionshandels. Der Möglichkeit des sog. „Banking" der Zertifikate aus einer Handelsperiode zu einem niedrigeren Ausgabepreis zur Abgabe in einer späteren Handelsperiode wird demnach vorgebeugt, um dem Zweck der Gesamtminderung des CO_2-Ausstoßes zu entsprechen.

---

398 Vgl. dazu § 3 Nr.§ TEHG.
399 Im Gegensatz dazu § 7 Abs. 2 TEHG.

Eine weitere Gemeinsamkeit zum EU-Emissionshandel ist die Möglichkeit der Übertragbarkeit gem. § 9 Abs. 2 BEHG. Auch das durch den Gesetzgeber vorgegebene Prinzip der Übertragung ist hier mit dem des EU-Emissionshandels gleichlaufend: Sie werden durch Einigung und Eintragung auf dem Konto des Erwerbers übertragen.[400] Das Konto und das Gesamtregister werden dabei auch bei der Deutschen Emissionshandelsstelle geführt und die Handelsvorgänge verzeichnet.

2. Kritik an der Bezeichnung

In der Gesetzesbegründung findet sich keine Erklärung, warum vom Begriff der Emissionsberechtigung abgewichen wird. Es findet sich lediglich die Erläuterung: „Nummer 2 definiert den Begriff des Emissionszertifikats. Dieses gewährt die Befugnis zur Verursachung einer Tonne Treibhausgase in Form von Brennstoffemissionen nach diesem Gesetz".[401] Es bleibt folglich offen, warum von der sich im europäischen Emissionshandel bewährten Bezeichnung abgewichen wird.

Möglicherweise liegt der Grund gerade darin, die Abgrenzung der unterschiedlichen Abgabeobjekte herzustellen, sodass ersichtlich bleibt, ob die Emissionsberechtigung im Sinne des europäischen Emissionshandels oder das Emissionszertifikat im Sinne des BEHG genannt wird.

Ob sich diese Bezeichnung bewähren wird, wird die Zukunft zeigen, da eine Überschneidung im Wortlaut hinsichtlich der unionsweiten Bezeichnung der Gesamtheit aus Zertifikaten, bestehend aus Berechtigungen und Kyoto-Gutschriften gegeben ist.

3. Vermögenswert

Auch den Emissionszertifikaten im BEHG kann ein Vermögenswert im Sinne des § 35 InsO beigemessen werden. Eine Verwertbarkeit kann allerdings nur realisiert werden, soweit das nationale Zertifikat auch tatsächlich an den jeweiligen Pflichtigen ausgegeben wird.

V. Sanktionen in der Insolvenz des Anlagenbetreibers

Die (nicht rechtzeitige) Nichtabgabe der Emissionszertifikate ist in der gleichen Form ausgestaltet, wie diejenige des EU-Emissionshandelsrechts. Die Übernahme dieser Regelung wird in der Literatur teilweise kritisch aufgenommen.[402] Dies wird

---

400 Vgl. dazu § 7 Abs. 3 TEHG.
401 BT-Drs. 19/14746, S. 33.
402 *Vollmer*, NuR 2020, 237, 240.

insbesondere damit begründet, dass es sich bei der Sanktion im TEHG um keine genuin gemeinschaftsrechtliche Sanktion sui generis handle und diese nun auch Teil des BEHG geworden sei, wobei aber die Entscheidungsgründe des oben besprochenen Urteils des BVerwG[403] in diesem Falle nicht herangezogen werden können. Der Anwendungsvorrang des Europarechts[404] als Möglichkeit der Ausgestaltung einer Sanktion sui generis ist hier nicht einschlägig, sodass sich die Frage stellt, ob diese Sanktion einer verfassungsrechtlichen Prüfung standhält. Es wird jedenfalls vertreten, dass das Verschuldenserfordernis im Wege einer verfassungskonformen Auslegung als ungeschriebenes Tatbestandsmerkmal hineinzulesen ist.[405] Wie die Gerichte hier entscheiden werden, ist ohne weiteres nicht absehbar und eine Einschätzung vermag in dieser Arbeit nicht abgegeben werden.

VI. Insolvenzrechtliche Besonderheiten am Handelsmarkt des BEHG

Die Emissionszertifikate des BEHG sind gem. § 9 Abs. 2 auch übertragbar und damit handelbar. Zur rechtlichen Einordnung kann nach oben zu den entsprechenden Ausführungen zu den Emissionsberechtigungen verwiesen werden. In der Einführungszeit stellt sich allerdings die Frage, inwieweit eine Handelbarkeit überhaupt notwendig ist, wenn die Zertifikate doch zu einem Festpreis ausgegeben und aufgrund des Nachkaufmechanismus stetig angeboten werden.

VII. Ausblick

Es ist in Planung, dass der Brennstoffemissionshandel in das System des Europäischen Emissionshandels zu integrieren.[406] Die rechtliche Ausgestaltung und die damit möglicherweise einhergehenden Auswirkungen auf das Insolvenzrecht bleiben abzuwarten. Es dürfte indes möglich sein, die jeweiligen Zertifikate anzuerkennen und insoweit einen tatsächlichen Handel zu implementieren.

---

403 BVerwG, Urteil vom 20.2.2014 – 7 C 6/12.
404 BVerwG, Urteil vom 20.2.2014 – 7 C 6/12, Rn. 16.
405 *Zenke/Telschow*, EnWZ 2020, 157, 162.
406 Brussels, 14.7.2021 COM(2021) 552 final.

I. Zusammenfassung der Ergebnisse in Thesenform und Vorschläge zur Gesetzesanpassung

I. Verhältnis Emissionshandelsrecht und Insolvenzrecht

Das Emissionshandelsrecht ist Ausdruck der Grundentscheidung, Ziele des Klimaschutzes durch marktorientierte Maßnahmen zu erreichen. Dabei wurde bewusst auf ordnungspolitische, konkrete Handlungsanweisungen hinsichtlich der einzelnen emissionshandelspflichtigen Anlagen verzichtet und es den Betreibern überlassen, Technikverbesserungen vorzunehmen. Durch die Möglichkeit der Anlagenbetreiber am Markt Emissionsberechtigungen zu verkaufen, können Gewinneffekte erzielt werden, wenn konsequent klimaschützende Verbesserungen an den emissionshandelspflichtigen Anlagen vorgenommen werden.

Aus der Entscheidung für einen derart organisierten Markt folgt, dass Regelungen Anwendung finden müssen, die den marktwirtschaftlichen Ordnungsrahmen gewährleisten; folglich auch diejenigen Normen, die Marktteilnehmer betreffen, die aufgrund von Insolvenz den Markt verlassen.

Eine Vorrangstellung des Emissionshandelsrechts oder des Insolvenzrechts lässt sich per se nicht begründen. Die in Rede stehenden Rechtsgebiete sind vielmehr einem schonenden Ausgleich und unter Wahrung der jeweiligen Zielsetzungen zuzuführen.

II. Emissionsberechtigungen / Emissionszertifikate

Die vorzugswürdige Bezeichnung für die deutschen Treibhausgasemissionszertifikate des EU-Emissionshandels ist „Emissionsberechtigung".

Dies insbesondere aufgrund der dahingehend getroffenen Entscheidung des Gesetzgebers im TEHG, aber auch, weil sich aufgrund des neuartigen Brennstoffemissionshandels Verwechslungen ergeben könnten. Mithin ist die Bezeichnung „Emissionszertifikat" für den Brennstoffemissionshandel vorzugswürdig.

Die Rechtsnatur der Emissionsberechtigung im TEHG und des Emissionszertifikats im BEHG ist öffentlich-rechtlich. Die Emissionsberechtigungen / Emissionszertifikate stellen zwar handelbare, aber öffentlich-rechtlich verbriefte Legitimationsberechtigungen auf Zeit für Treibhausgasemissionen dar; mithin sind sie subjektiv-öffentliche Rechte.

Die Bezeichnung „hybride Rechtsnatur" sollte aufgrund der hier vertretenen strikten Trennung zwischen Privatrecht und Öffentlichem Recht vermieden werden.

Weiterhin gilt die Trennung auch bei der rechtlichen Zuordnung der Erwerbstatbestände fort. Dabei ist der Ersterwerb öffentlich-rechtlich und der Zweiterwerb (der eigentliche Emissionshandel) gänzlich privatrechtlich ausgestaltet.

Bei diesem Handelssystem mit öffentlich-rechtlichen und privatrechtlichen Elementen handelt es sich um eine dem Rechtssystem bislang fremde Ausgestaltung. Folglich verbietet es sich, grundsätzlich Vergleiche zu scheinbar ähnlichen Rechtsinstituten zu ziehen. Es ist daher die Eigenständigkeit des Emissionshandelsrecht, einschließlich der neuartigen Emissionsberechtigungen / Emissionszertifikate, zu akzeptieren und vorrangig Wechselwirkungen zu anderen Rechtsgebieten nur anhand der eingehend erläuterten Grundprinzipien des Handelssystems zu zuzulassen. Insgesamt sollte daher lediglich subsidiär eine rechtliche Einordnung erfolgen, die sich an bereits bestehenden Rechtsinstituten und orientiert.

III. Handeltreibende im Insolvenzverfahren

Durch die gänzlich zivilrechtliche Einordnung des Handelssystems ergeben sich bezüglich der Handelsausgestaltung keine Schwierigkeiten hinsichtlich einer möglichen Insolvenzanfechtung eines öffentlich-rechtlichen Erfüllungsgeschäfts.

IV. Emissionshandelsrechtliche Pflichten im Insolvenzverfahren

Eine Vergleichbarkeit zu bereits bestehenden öffentlich-rechtlichen Rechten und Pflichten in der Insolvenz ist wegen der Besonderheiten in der Ausgestaltung des Emissionshandelsrechts nicht gegeben. Insbesondere ist das Emissionshandelsrecht nicht in den klassischen Streit der Behandlung ordnungsrechtlicher Pflichten und dabei insbesondere der sogenannten Altlastenproblematik zuzuordnen.

Das Emissionshandelsrecht beinhaltet gerade nicht die Beseitigung fortdauernder Störungen, bspw. in Form eines kontaminierten Grundstücks, sondern dient der Legitimation bereits getätigter Emissionen, die insoweit schon die Atmosphäre belastet haben und nicht mehr aus der „Luft" zurückgeführt werden können.

Folglich sind die Wirkungen des Insolvenzverfahrens isoliert anhand der Zwecke des Emissionshandelsrechts zu prüfen. Dabei werden die Pflichten aus dem Emissionshandelsrecht nicht verdrängt, sondern über die Vorgaben der speziellen Verfahrensordnung erfüllt.

Insoweit ist die vor Insolvenzantrag entstandene Rückgabepflicht als Insolvenzforderung gem. §§ 38, 45 InsO anzusehen. Diese Einordnung steht jedoch in der derzeitigen Ausgestaltung den Zielen des Emissionshandelsrechts entgegen, sodass im Folgenden ein Vorschlag zur Änderung des § 25 Abs. 3 TEHG gemacht wird.

Außerdem verstößt es gegen die Ziele des Emissionshandelsrechts, dass kostenlos zugeteilte Emissionsberechtigungen anderen Handelsteilnehmern in der Insolvenz zugutekommen könnten, da der Zweck der kostenlos zugeteilten Berechtigungen derjenige ist, dass energieintensive Anlagenbetreiber nicht in Rechtsbereiche ohne treibhausgasemissionsbegrenzende Regelungen abwandern. Daher ist auch diesbezüglich eine Gesetzesanpassung empfehlenswert.

Die unbedingte Fortführungspflicht des starken vorläufigen Insolvenzverwalters gem. § 22 Abs. 1 Satz 2 Nr. 2 führt zur die Vorschrift des § 25 Abs. 3 Satz 2 TEHG über die Betriebsfortführung der Anlage im Insolvenzverfahren zu einer Masseschmälerung. Folglich ist eine Gesetzesänderung angebracht, um das Ziel der bestmöglichen Gläubigerbefriedigung zu fördern.

V. Gesetzesanpassungen zur weiteren Aufhebung des Spannungsfelds zwischen Emissionshandelsrecht und Insolvenzrecht

Die Ausführungen dieser Arbeit haben gezeigt, dass weitere Gesetzesanpassungen notwendig sind, um eine Harmonisierung zwischen Insolvenzrecht und Emissionshandelsrecht herbeizuführen.

1. Unionsregister

Durch die Einführung des EU-Emissionshandelsregisters[407] ist das Register unionsweit zentralisiert. Danach können aufgrund von Art. 37 Abs. 4 VO 1193/2011/ EU in gutem Glauben lastenfreie Emissionsberechtigungen erwerben. Daher ist es statthaft, die etwaige Insolvenz in das Register aufzunehmen. Eine Verordnungsänderung ist diesbezüglich erforderlich und sollte die jeweilige relative Verfügungsbeschränkung beinhalten, um Rechtssicherheit zu gewährleisten.

---

407 Verordnung (Kom) Nr. 1193/2011/EU, Amtsblatt der EU L 315/1.

2. Kostenlose Zuteilung der Emissionsberechtigungen im Spannungsfeld des Insolvenzrechts

Wie oben herausgearbeitet, gehören auch kostenlos zugeteilte Emissionsberechtigungen zur Insolvenzmasse. Dabei ist es auch gewollt, dass bereits erhaltene Berechtigungen übertragen werden können. Dies wird dem Zweck der bestmöglichen Gläubigerbefriedigung im Insolvenzrecht gerecht, zumal die zu verwertende Insolvenzmasse vergrößert wird.

Es ist jedoch diesbezüglich ein Perspektivwechsel vorzunehmen: Die Insolvenzordnung in der derzeitigen Form ist nämlich diejenige, die mit dem objektivierten Zweck des Handels und der kostenlosen Zuteilung von Emissionsberechtigungen an einen privilegierten Kreis nicht vereinbar ist. Die Wirkung der Legitimierung durch kostenlose Zertifikate könnte nämlich anderen Unternehmen außerhalb des Carbon-Leakage-Bereichs zugutekommen. Die Emissionsberechtigungen könnten insoweit möglicherweise zu einem niedrigen Preis im Falle der Insolvenz eines energieintensiven Unternehmens zuhauf auf dem Markt angeboten werden. Dies widerspricht den Zielen des Emissionshandelsrechts.

Daher ist es statthaft, dass eine Regelung in das TEHG aufgenommen wird, dass beispielsweise im Register etwaige kostenlose zugeteilte Berechtigungen vorgehalten werden, sodass die einzelnen Unternehmen noch nicht Zuweisungsberechtigte sind. Damit könnte man die oben genannte Ansicht, die von Gerechtigkeitsschwierigkeiten spricht, auch in Einklang mit dem Insolvenzrecht bringen.

Dennoch muss die Möglichkeit des Verkaufs auch ihrerseits weiterhin gegeben sein, um dem Handel der Berechtigungen nicht entgegenzustehen. Denn, und das muss nochmals betont werden, auch kostenlose Zertifikate sollen verkauft werden können, um einen umfassenden Handel zu gewährleisten.

Dieser technische Vorgang kann beispielsweise über die Anweisung des Unternehmens durchgeführt werden, dass bei der Ausgabe der kostenlosen Berechtigung am Stichtag, diejenigen Berechtigungen, die eigentlich einem anderen Unternehmen zustünden, dem Käufer der nunmehr ihm zustehenden Berechtigungen zugewiesen werden.

Dies hätte zur Folge, dass die kostenlos zugeteilten Berechtigungen nicht durch den insolvenzbedingten Weiterverkauf, zwecks Masseanreicherung einem Unternehmen außerhalb des Carbon-Leakage-Bereichs zugutekommen.

3. Neufassung des § 25 Abs. 3 TEHG hinsichtlich der Abgabepflicht

Die oben dargestellte Wirkung der Abgabepflicht für vor dem Insolvenzverfahren entstandene Forderungen bringt – wie vorher herausgearbeitet – Rechtsunsicherheiten mit sich. Daher sollte § 25 Abs. 3 TEHG geändert werden.

Ein Vorschlag, der die absolute Mengenbegrenzung des Emissionshandelsrechts und die insolvenzrechtliche Gläubigergleichbehandlung berücksichtigt könnte lauten:

§ 25 Abs. 3 Satz 5 und 6 (lex ferenda):

„Emissionsberechtigungen, die sich im Zeitpunkt des Insolvenzantrags im Vermögen des Insolvenzschuldners befinden, sind bis zu der Höhe der entstandenen Emissionen vor Zeitpunkt des Insolvenzantrags an die zuständige Stelle abzugeben. Damit ist gleichzeitig die Rückgabepflicht im Sinne von § 7 Abs. 1 TEHG für die vor Insolvenzantrag verursachten Emissionen erfüllt.“

Dadurch wird bewirkt, dass Emissionsberechtigungen nicht „doppelt" genutzt werden und andererseits der Staat als Insolvenzgläubiger nicht privilegiert ist.

Die durch diese Form abzugebenden Emissionsberechtigungen werden insoweit als massefremd aus dem Vermögen gem. § 47 InsO ausgesondert.

Der im Brennstoffemissionshandel entsprechende § 18 Abs. 2 BEHG wäre auch wie zuvor ausgeführt anzupassen. Diese Privilegierung von vor dem Insolvenzverfahren entstandenen Forderungen ist zwar grundsätzlich wesensfremd für öffentlich-rechtliche Abgaben im Insolvenzverfahren, allerdings ist die Funktionsfähigkeit des Emissionshandelssystems in Form der Abgabepflicht und damit einhergehenden strengen Mengenbegrenzung hier als Rechtfertigung zu sehen. Der Gesetzgeber hat § 25 Abs. 3 TEHG auch genau wegen der zu gewährleistenden Abgabepflicht innerhalb eines objektiven Systems eingeführt.[408] Aufgrund der strengen Rechtsprechung des EuGH erscheint dieses Vorgehen daher vorzugswürdig. Dennoch ist bei jeder Einschränkung des Insolvenzrechts durch den Staat genau zu prüfen, inwieweit diese geboten und gerechtfertigt ist, da es sich hierbei um tiefgreifende Eingriffe des Staates in den Markt handelt. Denkbar wäre auch, die einzelnen Emissionsberechtigungen ausgelagert nicht im Vermögen des einzelnen Handeltreibenden stehen könnten und damit dem Vermögen; folglich auch der Insolvenzmasse entzogen werden.

---

408 Vgl. RefE BMU, Gesetzentwurf der Bundesregierung: Entwurf eines Gesetzes zur Anpassung der Rechtsgrundlagen für die Fortentwicklung des Europäischen Emissionshandels, S. 35.

4. Änderung des § 22 InsO hinsichtlich der Fortführungspflicht des starken vorläufigen Insolvenzverwalters

Die unbedingte Fortführungspflicht des § 22 Abs. 1 Satz 2 Nr. 2 InsO hat erhebliche Auswirkungen auf die Insolvenzmasse, da durch sie automatisch Masseforderungen zugunsten des Staates entstehen. Des Weiteren geht mit dieser Eingehung von Masseverbindlichkeiten auch die mögliche Eigenhaftung durch Schadensersatz aufgrund von § 61 InsO einher, soweit durch die Rechtshandlung des vorläufigen Insolvenzverwalters eine Verbindlichkeit begründet worden ist, die aus der Insolvenzmasse nicht voll erfüllt werden kann.

Diese Problematik wurde bereits an anderer Stelle bezüglich der Entrichtung von Arbeitsentgeltansprüche aufgrund von Betriebsfortführung diskutiert[409] und ist mit der Einführung des § 55 Abs. 3 InsO beendet, welcher diese Art von Ansprüchen zu Insolvenzforderungen abstuft.[410]

Folglich ist aus Gründen der Gleichbehandlung der Gläubiger und des Prinzips der bestmöglichen Gläubigerbefriedigung über die Insolvenzmasse eine Gesetzesänderung vorzunehmen. Die insolvenzrechtliche Gläubigergleichbehandlung gebietet es nicht, dass sich insolvenzrechtliche Pflichten automatisch privilegieren, soweit diese an einen Tatbestand aus dem Gesetz angeknüpft ist. Außerdem ist zum Zwecke des Erhalts der Insolvenzmasse ein Schutzmechanismus einzubauen, der es erlaubt, zunächst zu sondieren, ob sich die Fortführung der Anlage insgesamt als förderlich für das Insolvenzverfahren erweist und damit fortgeführt werden soll.

Mithin sollte § 22 Abs. 1 Satz 2 Nr. 2 InsO eine Ausnahmeklausel für emissionshandelspflichtige Betriebe beinhalten, die wie folgt lauten könnte:

§ 22 Abs. 1 Satz 2 Nr. 2:

> *„[…] die Zustimmung des Insolvenzgerichts ist bei der Nichtfortführung des Betriebs emissionshandelspflichtiger Anlagen nicht erforderlich.“*

5. Anpassung des Gesetzes hinsichtlich der Betreibereigenschaft des Insolvenzverwalters

Die Untersuchung hat ergeben, dass der Insolvenzverwalter nach der Begriffsdefinition des § 3 Nr. 2 TEHG nicht Betreiber einer Anlage sein kann. Allerdings ist durch die herbeigeführte Klarstellung des Gesetzgebers in § 25 Abs. 3 Satz 1 TEHG eine Betreiberstellung eigener Art geschaffen worden. Folglich

---

409 Vgl. dazu BAG, Urteil vom 3.4.2001 – 9 AZR 301/00.
410 Zum Ganzen *Thole*/K. Schmidt InsO, § 55 Rn. 44.

sollte dies auch zur Vermeidung von einer gespaltenen Auslegung bei isolierter Betrachtung des § 3 Nr. 2 TEHG in dieser Norm klargestellt werden. Dies könnte mithin in die dortige Begriffsdefinition wie folgt aufgenommen werden:

§ 3 Nr. 2 TEHG (neue Fassung):

„Für Insolvenzverwalter gilt diese Norm mit der Maßgabe, dass er lediglich die Entscheidungsgewalt über eine vorgenannte Anlage ausüben muss."

Studien zum deutschen und europäischen Gesellschafts- und Wirtschaftsrecht

Herausgegeben von Ulrich Ehricke

Band 1 Detlef Laub: Die Nachgründung nach § 52 AktG als kapitalerhaltende Norm. Auswirkungen auf den Tatbestand und seine Anwendung nach dem Umwandlungsgesetz (UmwG). 2004.

Band 2 Michael Silvio Kusche: Die aktienrechtliche Zulässigkeit der Durchführung einer Due Diligence anlässlich eines Unternehmenskaufes. Mit Due Diligence-Checkliste für die Zielgesellschaft. 2005.

Band 3 Thomas Stephan Oldemanns: Vorratsgründung und Mantelverwendung – Alternativmöglichkeiten zum gesetzlichen Gründungsverfahren? 2005.

Band 4 Gunnar Isenberg: Die Geschäftsordnung für die Organe der Aktiengesellschaft. 2005.

Band 5 Anette Gärtner: Die Umsetzung der Verbrauchsgüterkaufrichtlinie in Deutschland und Großbritannien. 2006.

Band 6 Tobias Teufer: Alternative Beilegung privater Wettbewerbsstreitigkeiten. Kartellmediation, Kartellschiedsgerichtsbarkeit und Wettbewerbsvergleich im Spannungsfeld zwischen Privatautonomie und staatlicher Regelung. 2006.

Band 7 Axel Godron: Das Weisungsrecht des Franchisegebers unter besonderer Berücksichtigung eines Konzerncharakters von Franchisesystemen. 2006.

Band 8 Nadin Pia Sondermann: Die kartellrechtliche Beurteilung von Unterkostenpreisen marktmächtiger Unternehmen auf europäischer Ebene, im Vereinigten Königreich und in Deutschland. 2007.

Band 9 Anne Maria Arnold: Die erbrechtliche Nachfolge in der Partnerschaftsgesellschaft. Unter besonderer Berücksichtigung berufsrechtlicher Implikationen. 2006.

Band 10 Tobias Felix D. Plath: Das Lebensversicherungsunternehmen in der Insolvenz. Unter besonderer Berücksichtigung des Gesetzes zur Umsetzung aufsichtsrechtlicher Bestimmungen zur Sanierung und Liquidation von Versicherungsunternehmen und Kreditinstituten vom 10. Dezember 2003. 2007.

Band 11 Philipp Jansen: Ungeschriebene Zuständigkeiten der Hauptversammlung bei der Sanierung der Aktiengesellschaft. 2007.

Band 12 Michael Wangemann: Finanzielle Anreize zur Steigerung der Hauptversammlungspräsenz in der Aktiengesellschaft. 2008.

Band 13 Guido Eusani: Die Erfassung verdeckter Vermögensverlagerungen im Rahmen eines bilanzgestützten Kapitalschutzes bei der GmbH de lege lata et ferenda. Eine Untersuchung unter besonderer Berücksichtigung des Cash Poolings im faktischen GmbH-Konzern sowie des Regierungsentwurfs eines Gesetzes zur Modernisierung des GmbH-Rechts und zur Bekämpfung von Missbräuchen (MoMiG). 2008.

Band 14 Mine Elfi Reimnitz: Der neue Wettbewerbliche Dialog. Eine Alternative zum Verhandlungsverfahren unter Berücksichtigung von Public Private Partnership-Modellen. 2009.

Band 15 Cathérine Hinger: Die Bauunternehmerinsolvenz. Die Sicherungs- und Vertragslösungsrechte zum Schutz der Vermögensinteressen des privaten Auftraggebers im Kontext von § 103 InsO. 2010.

Band 16 Daniel Hackländer: Die allgemeine Energiekompetenz im Primärrecht der Europäischen Union. Eine Analyse des Artikels 194 des Vertrags über die Arbeitsweise der Europäischen Union in der Fassung des Vertrags von Lissabon unter Berücksichtigung der historischen Entwicklung der Energiekompetenz. 2010.

Band 17 Christian Kubak: Grenzüberschreitende Verschmelzungen zwischen Personenhandelsgesellschaften aus Deutschland und anderen EG-Mitgliedstaaten im Lichte der Grundfreiheiten. Europarechtliche Anforderungen und die grundlegende Systematik ihrer Umsetzung. 2010.

Band 18 Albert Stüben: Jahresabschlussfeststellung und Gesellschafteranerkenntnis. 2013.

Band 19 Jens Schefzig: Die Beurteilung konglomerater Unternehmenszusammenschlüsse in Europa und den USA. Unter besonderer Berücksichtigung von Wertschöpfungsketten. 2013.

Band 20 Dirk Kohlenberg: Die Verwendung von Mantelgesellschaften. 2015.

Band 21 Theresa Luzia Noßke: Die Sanierungsfusion im deutschen Recht. 2021.

Band 22 David Fabian Krüger: Die emissionshandelsrechtlichen Pflichten in der Insolvenz des Anlagenbetreibers. 2024.

www.peterlang.de

www.ingramcontent.com/pod-product-compliance
Lightning Source LLC
Chambersburg PA
CBHW050532190326
41458CB00007B/1758